捩翠融青瑞色新

吴越国的秘色瓷

周新华 著

吴越历史文化丛书
通识读物

杭州出版社

图书在版编目（CIP）数据
掠翠融青瑞色新 ： 吴越国的秘色瓷 / 周新华著 .
杭州 ： 杭州出版社， 2025.6. --（吴越历史文化丛书）.
ISBN 978-7-5565-2536-2
Ⅰ . K876.34
中国国家版本馆 CIP 数据核字第 2024GS9970 号

LIE CUI RONG QING RUISE XIN—WUYUEGUO DE MISECI

掠翠融青瑞色新——吴越国的秘色瓷

周新华　著

策划编辑　杨清华
责任编辑　徐玲梅
美术编辑　祁睿一
封面设计　卢晓明
责任校对　陈铭杰
责任印务　姚　霖
出版发行　杭州出版社（杭州市西湖文化广场32号6楼）
电话：0571-87997719　邮编：310014
网址：www.hzcbs.com
印　　刷　浙江新华数码印务有限公司
经　　销　新华书店
开　　本　710 mm × 1000 mm　1/16
印　　张　16
字　　数　205千
版 印 次　2025年6月第1版　2025年6月第1次印刷
书　　号　ISBN 978-7-5565-2536-2
定　　价　78.00元

“通识读物”丛书审订：王旭烽

“吴越历史文化丛书”总序

文化是一个国家、一个民族的灵魂。文化兴，国运兴；文化强，民族强。城市历史文化遗存是前人智慧的积淀，是城市内涵、品质、特色的重要标志。

临安，西揽黄山云雾，东接天堂风韵，山水秀美，积淀丰厚，吴越文化特色尤为鲜明。唐末五代之际，出生于临安、发迹于临安的吴越国王、“上有天堂，下有苏杭”的缔造者——钱镠，布衣起家，以雄才大略和仁心善政，创造了吴越国数十年繁华，成就了后世江浙苏杭坚实的经济文化基础，为中华的强盛作出了不可磨灭的历史贡献，给后世留下了一笔宝贵的文化遗产。北宋著名诗人苏轼曾高度评价吴越钱氏治理吴越国的成绩：“其民至于老死，不识兵革，四时嬉游歌鼓之声相闻，至于今不废，其有德于斯民甚厚。”此后千年，江南经济富庶、文化繁荣，经久不息。

日月恒升，山高水长。自公元893年至今，吴越国已影响后世千余年。它下佑了宋的高贵，成全了元的融合，点亮了明代文化科技的璀璨，增添了清代康乾的盛世荣光。个中力量，绵延不绝。

吴越国形成的“保境安民、纳土归宋、家国天下”的文化特质，在中华文明的发展长河中具有重要的历史文化价值和现实意义。秉承优良的钱氏家风，吴越钱氏后世人才辈出，群星闪耀，千余年间，载入史册的钱姓名家不胜枚举。吴越文化根脉相承、生生不息，始终涵养着天目儿女的精神家园，滋养着“钱王故里”的人文风物，也为文化发展提供了肥沃土壤和动力源泉。

临安这座城市不但拥有优渥的自然生态资源，还有着特殊的历史文化魅力。吴越文化不但是临安城市发展和文化形象的一张金名片，还是临安的“根”和“脉”。一直以来，临安历届党委、政府高度重视吴越文化的研究、传承和弘扬，做了大量卓有成效的工作。进入新时代，临安努力把吴越文化融入到城市肌理之中，妥善处理好文物保护与城市建设、经济发展之间的关系，在城市规划建设层面更加突出文脉传承，让历史文化和自然生态永续利用、同现代化建设交相辉映；深入探索吴越文化的当代价值，有效推动吴越文化活在当下、服务当代，用吴越文化浸润百姓心田，以现代文明点亮幸福城市……

“东南乐土，吴越家山”，让生活在这座城市的人能够从厚重的岁月积淀中汲取文化自信的养分。我们要以文化为魂，加快建设“吴越名城”，使临安在“两个先行”时代征程中打造出独具魅力的幸福之城。我们必须把这种精神发扬光大，牢牢把握“文脉之力”，以文塑城、以文育人、以文铸魂，激发城市文化发展的内在活力，让文化成为现代城市发展的不竭动力。为此，区委宣传部牵头，专门组织省内外有关专家学者对吴越历史文化梳理文脉、提炼精华，进行深入全面系统整理研究，从文献集成、基础研究、通识读物、应用研究四个方面进行学术攻坚，深入发掘吴越文化背后的人文、历史、哲学、艺术等价值，挖掘当代价值与内涵，编辑出版“吴越历史文化丛书”，并全力推动吴越文化纳入“浙江文化研究工程”。

我们出版该套丛书的思路，以晚唐—五代十国—两宋为纵横，以吴越历史文化为主题，对吴越国的发展史和吴越钱氏家族史进行全景式研究，深入挖掘并提炼吴越文化的当代价值。在此，衷心感谢为这一丛书撰稿的作家、学者，用生花妙笔书写了吴越文化的锦绣华章，从而以更细的颗粒度还原出吴越文化一幕幕真实的历史瞬间。

“吴越历史文化丛书”作为首套关于临安历史文化的大型丛书，具有里程碑式的意义。丛书融知识性、文学性和可读性为一体，兼具科学性、地域性和系统性。丛书的编纂出版，无疑向社会开启了一扇触摸历史、感知文明、认识人文临安的窗口，对提升临安对外形象将起到积极的推动作用。当然，因条件所限，在编纂过程中挂一漏万或者疏误之处在所难免，我们衷心希望得到学术界及其他社会各界的批评指正，以期今人及后人对临安历史和吴越文化的研究进一步深入，取得更大的成果。编纂“吴越历史文化丛书”是我区吴越文化研究领域的一种尝试，我们希望通过文化建设，进一步提升全社会的凝聚力和向心力，使之成为建设“吴越名城”的文化支撑和精神动力。

当前，打造浙江新时代文化高地的号角已经吹响。临安作为吴越文化的发祥地，文化自信是我们实现高质量发展的人文基因和精神密码，也是临安未来发展最基本、最深沉、最持久的力量。我们将继续努力挖掘和弘扬吴越文化，以文化的软实力推动经济社会发展，不断增强临安高质量发展的文化自信。

带着泥土的芬芳，踩着时代的鼓点，让我们蹚进历史的长河，寻觅吴越文化的星光灿烂；让我们跨上文化的航船，驶向“吴越名城·幸福临安”的繁华盛景。

“吴越历史文化丛书”编纂指导委员会

2023年4月21日

深入浅出　娓娓道来

——吴越国通识读物浅介

有史以来，五千年中华民族，向以大时代为纲，譬如春秋战国、秦皇汉武、唐宗宋祖、元明清朝……就此纲举目张，铺开统一大网，以二十四史为坐标，由代代史家书宏文巨著，付后人记录春秋相传。

而那些夹在大时代间的过渡性时段，诸如三国两晋、南北数朝、五代十国、元末明初、清季北洋，纵然史书中不曾或缺，亦不乏古今大儒贤良于书海中研读订校，诚如金瓯残爿、吉光片羽，打捞历史缝隙中的珍珠，演绎茶馆戏台上的本事，虽成就一番自家品格，但相较于数百年大朝，这些狂飙激荡的历史转折期，因其短暂，终苦于无法天衣无缝地嵌入五千年宏大叙述，虚构与非虚构混淆一体，民间更多以演义、说书等方式口口相传。这些历史篇章，自然便难以构成中华民族庄重严谨的史学文化品格。

故此番吴越历史文化研究的全面计划（2023—2025）启动，推出文献集成、基础研究、通识读物及相应的应用研究，由此拉开大中华分合之远景格局，聚焦唐宋夹缝间五代正朔与十国藩属间的变迁，回眸当时明月，爬梳吴越肌理，深究裂变与重合的家国规律，寻察时代演进中的永恒与消亡。以史为鉴，视古喻今，此番文化举措，庶几重大焉。

通识读物以吴越地域呈现的物质与精神生活形态为内容，以深入浅出、图文并茂的通识体例为风格，以流畅清晰的笔力向广大读者娓娓道来。具体内容，一是定位在吴越国和钱氏家族上，包括吴越国近百年建国与纳归的历史进程、钱氏家族三代五王的家国境遇、吴越王陵墓葬所反映的时代规制和政权表达、吴越国时期钱氏著名后裔的人生状态；二是提炼吴越国的物品特质，包括秘色青瓷的考证与欣赏、丝织品的发展与供销、山林文化中的动植物生态；三是吴越国的信仰表达，主要集中体现在佛教艺术及道家文化上，以及相应的寺院塔庙建设等；四是吴越国的名人故事，他们基本属于非钱氏家族但在吴越国时期留下深刻印记的人物，他们的故事在基本史实的基础上亦有可能包括一定程度的传说；五是吴越国的民间故事，包括人物、地名、事件、习俗等一系列相应的小说演义、传说故事、山歌民谣等，其中折射出那个时代给后人留下的丰富的精神遗产。

然而，浮光掠影地数点一番当时岁月，记录一些特产风物，勾勒几个人物剪影，归纳几条进步意义，毕竟不是写作者们的初衷。深入浅出不是一个简单的成语，而是一番艰辛的历史叙述。把历史写透写深，固然艰辛；但把它写得通透易懂，难道不也是一件不亚于前者的修炼吗？

因此，一套通识读物，毫无疑义，是要有前沿学术来支撑的，是要有新鲜史料作论据的，是要有扎实观点来点石成金的。比如，我们如何来认识中央集权和边缘地域的关系，我们如何在人性层面上剖析历史趋势和个人希冀的纠缠，我们如何解读信仰与信仰间的相互对峙，我们如何评价在动荡年代中创造的无与伦比的美，我们如何正视智慧与死板、忠诚与背叛，等等。有时，胆怯恰好与善良同行，无奈却又和通透并举，自嘲有时和智慧同在，博大有时和虚无掺和。我们的通识中，如果有这样的丰厚认识、价值评判、辩证角度，那么我们的吴越小时代，就融入了今天的大时代，我们吴越国的短暂岁月，就是个贡献永恒精神的无垠长途，陌上花开，可缓缓归矣。

当然，我们还要奉献出我们的才华，我们的文辞表达需要精准朴实，又需要有韵律节奏，还需要拿捏文采，过犹不及。放眼全球，就文字而言，在通识读物中，许多人都是极赞赏荷裔美国人房龙的，他的《〈宽容〉序言》曾进入中国高中课本，开篇便言：“在宁静的无知山谷里，人们过着幸福的生活。/ 永恒的山脉向东西南北各个方向蜿蜒绵亘。/ 知识的小溪沿着深邃破败的溪谷缓缓地流着。”

如果我们能把知识、历史和信仰表达成这样，我们的通识读物，目的就真正达到了。

王旭烽

2023 年 4 月 21 日

（王旭烽　茅盾文学奖获得者、浙江农林大学茶学与茶文化学院名誉院长）

目录
Contents

引言

在杭州西郊的临安功臣山下，有几幢颇具地域特色的建筑，黑砖土墙，木制悬梯，融合了本地乡土砖瓦、夯土特色，与周边山水环境甚为和谐，这就是临安区吴越文化博物馆。

走进临安区吴越文化博物馆，目光无一例外都会被那三件“镇馆之宝”吸引，这就是1980年出土于五代吴越国第一代国王钱镠母亲水丘[①]氏墓的三件国宝级文物：秘色瓷褐彩云纹熏炉、秘色瓷褐彩云纹盖罂和秘色瓷褐彩云纹油灯。

这三件国宝重器，体形硕大，工艺繁复，需要经过低温、高温两次高难度的烧制，难得的是它们都没有扭曲变形，仍旧保持着规整的形态。尤其是那件秘色瓷褐彩云纹熏炉，盖、炉、座三者之间严丝合缝，极具艺术美感。

在整个浙江省，国宝级文物总共只有18件，而临安这个区级博物馆就占了六分之一，放眼全国都不多见。这是什么缘故？原因就在于，这三件青瓷器是唐代越窑生产的秘色瓷的杰出代表，它们显示了同时期中国青瓷烧造的最高水平。

秘色瓷堪称中国古代青瓷的巅峰。众所周知，瓷器最初是中国人发明的，中国因此也享有了“瓷国”的美誉。自东汉末年成熟青瓷在浙江烧造成功以来，瓷器就因其润洁、雅丽的特质，受到帝王将相和达官贵

① 水丘，复姓，后世因避孔丘讳，多作“水邱”。今据《唐故彭城钱府君墓志》残碑，明万历二十七年（1599）刻本、《四部丛刊续编》本和《四库全书》本《吴越备史》采用“水丘”，但为尊重原著，引文和文献名保留“水邱”。

人的青睐，成为他们豪奢生活的必需品。

有意思的是，如果算上在成熟瓷器烧造成功之前的原始瓷（最早可以追溯到商代），一直绵延到以“郁郁乎文哉”著称的两宋，2500余年间，青瓷始终是帝王偏爱的瓷种，以至于有人总结出“古瓷尚青”的结论，还有人认为青瓷是瓷器史上位列第一的“帝王瓷”。

由于青瓷釉色深沉、幽静、含蓄，这种独特的美感也恰好契合历代心胸旷达、隐居不仕的文人雅士的情趣，因而青瓷成为他们恬淡闲逸生活的良伴。当“绿樽翠杓，为君斟酌”的温婉成为生活常景，当“酒醒

图1-1　临安区吴越文化博物馆

春晚一瓯茶”“酒榼缘青壁”的清闲成为岁月印记，从这个角度看，青瓷又堪称古代瓷器中的“君子瓷”。

而若说到集“帝王瓷”与“君子瓷”于一身者，恐怕非晚唐五代吴越国出产的秘色瓷莫属。

一提到秘色瓷，但凡对中国陶瓷史稍有涉猎的人，恐怕都不会对这个词汇感到陌生。自从晚唐诗人陆龟蒙在一首题为《秘色越器》的诗中第一次提到“秘色”一词以来，秘色瓷俨然成了中国陶瓷史上一个千年未解的谜案，引发了后人无穷无尽的追问：

秘色瓷，究竟是一种怎样的瓷器？

秘色瓷的“秘色”，究竟是一种神秘难言的釉色，还是因其贡品的特质而不为人所知？

秘色瓷究竟有怎样的神奇，使五代时吴越国的君主将其作为称臣效忠的国宝贡奉？

秘色瓷的产地，是在哪里呢？

五代吴越国灭亡之后，秘色瓷就消失了吗？

……

诸多的疑问，更给原本就众说纷纭、莫衷一是的秘色瓷罩上了一层神秘莫测的色彩，就连素以风雅自居、宫中阅宝无数的清代乾隆皇帝也喟叹无福得见，无奈地发出了“李唐越器人间无，赵宋官窑晨星看”的感慨。

由于只剩稗官野史的记录，没有传世实物的佐证，秘色瓷尽管被传得神乎其神，但究因世人难知其详，它也就渐渐退出了世人的认知视野和想象空间。到了20世纪40年代，陶瓷学界甚至有学者断言，世上已无“秘色瓷”，仅存虚名而已。

不过，地不爱宝，中华人民共和国成立之后，随着考古工作的全面展开，从 20 世纪 50 年代开始，零零星星的瓷器考古新发现，似乎为解开秘色瓷这个千年之谜带来了新转机。

在短短的二三十年间，先是苏州虎丘云岩寺塔三层天宫，接着是宁波和义路唐码头遗址，而后又有临安钱镠生母水丘氏墓、杭州钱元瓘墓、钱弘俶生母吴汉月墓等，陆续发掘出一些精美的唐五代越窑青瓷。

最令人惊喜的是，1980 年考古人员在发掘临安明堂山吴越国首王钱镠生母水丘氏墓时，发现三件极精美的青瓷器（即前文提到的秘色瓷褐彩云纹熏炉、秘色瓷褐彩云纹盖罂和秘色瓷褐彩云纹油灯），无论从胎质、釉色还是从装烧工艺等方面看，都堪称臻于极致，几乎可以认定它们是真正的“秘色瓷”。

但可惜的是，因为墓中没有出土明确对应的文字佐证资料，人们也不敢遽下结论。

真正解开秘色瓷这个千年之谜的，是 1987 年陕西省扶风县法门寺真身宝塔地宫的发掘。

这年 2 月，为重建 1981 年因雨倒塌的法门寺塔，考古人员循惯例对倒塌的塔基遗址进行清理，并发掘了已封闭千余年的塔下地宫。地宫中出土了众多当年唐代朝廷供养给法门寺礼佛的稀世之物，其中有个包裹，包着 13 件精美的越窑青瓷器。

巧的是，随埋的物帐碑上赫然刻着“瓷秘色碗[①]七口，内二口银棱，瓷秘色盘子、碟[②]子共六枚”字样，这段文字与包裹里的瓷器一一对应，分毫不差！人们这才恍然大悟，原来这就是秘色瓷，自唐宋以来众说纷纭的秘色瓷，其真容就是这样的啊！

① 原文作“椀”。
② 原文作“叠”。

有地宫出土物帐碑上的确凿文字佐证，又有实实在在的精美实物为凭，自此，原本神秘的秘色瓷——这一让人们猜了千年之久的谜物，终于撩开了她神秘的面纱。

有了法门寺地宫出土的秘色瓷“标准器”，人们再回过头来对照之前考古发掘中发现的那些精美绝伦的晚唐五代越窑青瓷精品，如苏州虎丘云岩寺塔天宫中出土的青瓷莲花碗，宁波和义路唐码头遗址出土的青瓷荷叶盏托，临安水丘氏墓出土的秘色瓷褐彩云纹熏炉、秘色瓷褐彩云纹盖罂、秘色瓷褐彩云纹油灯等国宝级文物，也就名正言顺地被归入秘色瓷行列，得到了公允的“册封”。

更大的惊喜还在后面。在经过浙江省考古工作者历年来坚持不懈的勘探试掘之后，秘色瓷的产地之谜也终于得以揭晓。从 2015 年秋起，考古人员在浙江慈溪市上林湖窑区的后司岙窑址展开为期两年的考古发掘，发现了包括龙窑炉、房址、贮泥池、釉料缸等丰富的作坊遗迹，清理了厚达 5 米的碎瓷堆积，出土了包括秘色瓷在内的大量晚唐五代时期的越窑青瓷精品。

而其中一块刻有“罗湖师秘色椀”字样的瓷质匣钵标本，更是提供了直接的证据——这里就是晚唐五代时期吴越国生产贡瓷秘色瓷的窑场。

应该要感谢“上穷碧落下黄泉，动手动脚找东西”（傅斯年语）、常年栉风沐雨奔波在田野第一线的考古人。他们不但发现了在塔下地宫中深藏千余年的秘色瓷精品，让世人见识了“捩翠融青瑞色新，陶成先得贡吾君”的秘色瓷庐山真面目，而且通过坚持不懈的探索和试掘，终于找到了秘色瓷的烧造之地，为解开秘色瓷这个千年之谜画上了一个圆满的句号。

正因如此，“浙江慈溪上林湖后司岙唐五代秘色瓷窑址”入选了

2016 年度全国十大考古新发现。

2023 年 8 月，浙江省博物馆之江馆区建成开放，其中最吸引人的一个专题陈列就叫“江南秘色”。在展陈前言中，有这样一段话：

> 金粉东南，山灵水秀；禹耕会稽，舜陶河滨。远古先民在这里留下了一个个坚实的脚印，人文始祖在这里播撒下一颗颗文明的火种。瓷器，这个滋养文明、泽被世界的精灵，正是根植于此的一项伟大创举。它似一棵生机盎然的大树，根须深入沃土岩隙，汲取营养强筋壮骨，枝叶吸收阳光雨露，参天蔽日凌寒不凋……

作为在浙江这方充满活力的水土中孕育出的诸多神奇与瑰丽的文明成果之一，瓷器在唐以后沿着海上丝绸之路，远销世界各地，釉色青翠

图 1–2　“江南秘色”专题陈列

滋润的青瓷俨然成了中国文化的亮眼名片之一。而被诗人誉如“捩翠融青”“嫩荷涵露”“古镜破苔”的秘色瓷，更是越窑青瓷的杰出代表，它们以千峰翠色的釉质、玲珑端巧的造型、精美繁缛的纹饰，表现了越窑鼎盛时期的烧造水平。

可以这样说，在五代吴越国时期成为进奉中原皇室贡品的秘色瓷，正是中国古代瓷器这棵生机盎然的大树上结出的一枚丰硕的果实。它的出现，标志着制瓷史上划时代的技术飞跃，其胎釉工艺的突破更是带动了全国制瓷业的腾飞，为之后宋代汝窑、龙泉窑、南宋官窑、高丽瓷等高等级青瓷的出现奠定了厚实的工艺基础。

斐然清润的秘色瓷，如幽林月下的悠远琴音，在风穿林隙的微鸣中赓续往昔的荣光；又如晶莹夺目的昆山片玉，在千峰翠色的映射下烛照历史的时空。

本书将以史实结合文学的笔法，通过史志记载和考古发现，将秘色瓷的来龙去脉、前世今生娓娓道来，带你走进秘色瓷青翠悦目、瑰丽迷人的世界。

壹

何为秘色——秘色瓷的含义纷争

在中国古代陶瓷史上，有一个关于秘色瓷的千年谜案。在唐宋诗人笔下，它被屡屡吟咏称颂，晚唐五代时的吴越国王钱氏则将其作为称臣效忠的国宝向中原皇室贡奉。自宋代以降，它又成为文人墨客稗官野史中探究稽考、聚讼纷纭的话题。到了清代，素号风雅、有“十全老人”之称的乾隆皇帝也感慨无缘得见，发出了“李唐越器人间无”的浩叹……

在中国古代，秘色瓷正如它的名字一样，歧义迭出，神秘难解。究竟何为“秘色瓷”？“秘色”果真是一种神秘难言的釉色吗？还是说，因为它作为贡品的独特身份，“臣庶不得用之”，因而被蒙上了一层神秘的色彩？

从某种意义上来说，人们对于“秘色”的探究，甚至超过了对于这种瓷器本身的讨论。

最早提及“秘色”的人

从现有材料看，最早提及“秘色”一词的人，是晚唐诗人陆龟蒙。他的一首七绝诗题为《秘色越器》，是迄今所见最早吟及秘色瓷的诗作，后世但凡涉及秘色瓷的话题，似乎都要从这首诗说起。

诗云：

九秋风露越窑开，夺得千峰翠色来。

好向中宵盛沆瀣，共嵇中散斗遗杯。

关于这首诗的内涵解读暂且搁置一下，先来聊聊陆龟蒙这个人。

陆龟蒙，字鲁望，自号天随子、甫里先生、江湖散人等。关于其生平，《唐才子传》卷八和《新唐书》卷一九六都有记载，但对其生卒年、籍贯则诸说不一。

关于陆龟蒙的生年，《新唐书》本传及诸书皆不载，后来的学者也多认为无法稽考，只能推测其生年的大概范围，约在唐开成元年（836）至会昌五年（845）之间。关于其卒年，《唐摭言》称其“中和初，遘疾而终”，《唐诗纪事》《唐才子传》皆本此。而后世学者考证，其卒年又有中和元年（881）和中和二年（882）二说。

而关于陆龟蒙的籍贯，则向有长兴说、吴郡说、苏州说等诸说，近年学界有人详细考辨，认为其籍贯当为苏州吴县（今江苏苏州）。

陆龟蒙是唐代著名诗人，颇为高产，传世

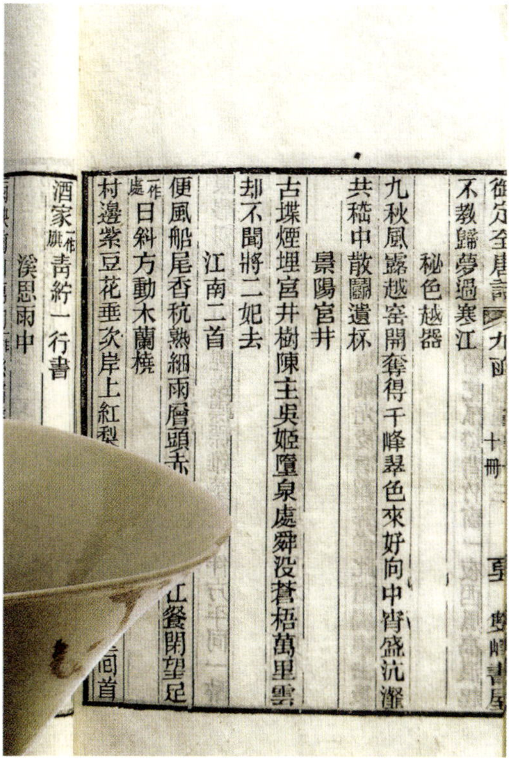

图 2-1　陆龟蒙《秘色越器》诗

诗歌有600余首，大部分收录在《松陵集》中。陆龟蒙又与另一位诗人皮日休交好，经常彼此唱和，世称“皮陆”。后人评陆龟蒙诗，称“奇峭”与“平淡”是其两种主要风格。

所谓“奇峭”，主要表现为铺张扬厉的手法、纵横捭阖的气势、峭拔险怪的境界，以及僻字险韵的运用等。据说他与皮日休唱和之作，往往夸多斗险，长达千字，故明代胡震亨所撰诗话集《唐音癸签》讥其“多学为累，苦欲以赋料入诗”。

至于“平淡”，则与“奇峭”形成鲜明对比。陆龟蒙曾自言：“余少攻歌诗，欲与造物者争柄，遇事辄变化不一，其体裁始则陵轹波涛、穿穴险固、囚锁怪异、破碎阵敌，卒造平淡而已。”他身历乱世，后归隐故里，乘小舟，挂篷席，带着书卷和茶灶、笔床、钓具，鼓棹鸣榔，在水天一色的太湖里游弋，自称“江湖散人”“天随子”等，都是这种心境的反映。

陆龟蒙的这种平淡的诗风，对后世宋诗追求的“平淡美”产生过深远的影响。清人朱克生《唐诗品汇删》中即谓“陆龟蒙另具清逸之慨，开宋人通衢也”。

回过头来品读一下陆龟蒙《秘色越器》这首诗。

这是一首标准的咏物诗。诗题中的“越器”，即指唐代上林湖越窑所产之青瓷器，首句“九秋风露越窑开”点明了这一主题。次句“夺得千峰翠色来”更是经典，贡献了“千峰翠色”这一优美的提法，这四个字在后世几乎成了越窑青瓷的代名词。

“好向中宵盛沆瀣，共嵇中散斗遗杯”两句，则提到了魏晋狂士嵇康的典故。嵇康为魏晋“竹林七贤”之首，因其曾被授中散大夫，故世称“嵇中散”。

我们来体会一下这首诗描写的意境吧！秋日的某个清晨，诗人来到上林湖畔，但见成百上千出窑后的越窑青瓷堆放于山间，釉色青翠欲滴，如同将千峰叠嶂之翠色夺来一般。夜半时分，青瓷杯碗承接了清冽的露水（“沆瀣”即指夜间的水汽），就如同魏晋名士嵇康斗酒留下的残存浊酒的杯子一样啊！

陆龟蒙借“越器”这种风物，咏赞其仰慕之魏晋名士嵇康，其实是有深意的。他所处之时代正值唐末，其时藩镇割据，宦官专权，乱象已显，唐王朝日薄西山。《新唐书》记载，陆龟蒙“举进士，一不中，往从湖州刺史张抟游，抟历湖、苏二州，辟以自佐”。陆龟蒙任此职后不久，即归隐松江甫里（今苏州角直），“多所论撰，虽幽忧疾痛，赀无十日计，不少辍也”。

陆龟蒙既生逢乱世，颠沛流离，又怀才不遇，悒郁寡欢，故而当其初次见到如“千峰翠色”般精美绝伦的“秘色”越窑瓷器时，可以想见其欣喜之情，难以抑制，遂借物咏怀，一洗胸中块垒。

陆龟蒙这首《秘色越器》诗，原本只是一首寻常的借物抒情之作，但因其诗题中提及了“秘色”二字，不承想却引发了后世对秘色瓷的诸多猜测与争议。

从诗里描写情景来看，陆龟蒙是有可能到过上林湖越窑故地，目睹过秘色越器的，要不然难以描摹得如此精准贴切。其时还是晚唐，像陆龟蒙这样一介普通文人仍可一睹越器风采，不足为怪；但到了五代十国时期，秘色瓷已成吴越国皇室专用之器，又贵为进贡中原皇室的贡品，所谓“陶成先得贡吾君”矣。

据宋人笔记，吴越国王钱镠规定越窑专烧供奉用的瓷器，庶民不得使用，且釉药配方、制作工艺保密。到了这个时期，秘色瓷就成了一般人难得见到的稀罕之物了。

正因为稀罕，秘色瓷就应了它名字里那个“秘色”的含义，在之后很长一段时间里成了文人墨客、学界中人聚讼不已的话题。作为“始作俑者”的陆龟蒙，恐怕也没有想到这个结果吧？

“陶成先得贡吾君”

如果说陆龟蒙是第一个咏及“秘色”瓷者，那五代时的另一位诗人徐夤则是有幸见过作为贡品的秘色瓷，并且把它写进了诗里的人。他的这首诗题为《贡余秘色茶盏》，一个“贡”字，给秘色瓷抹上了一层更神秘的色彩。

《贡余秘色茶盏》诗云：

捩翠融青瑞色新，陶成先得贡吾君。
巧剜明月染春水，轻旋薄冰盛绿云。
古镜破苔当席上，嫩荷涵露别江濆。
中山竹叶醅初发，多病那堪中十分。

徐夤，字昭梦，莆田（今属福建）人。博学多才，尤擅作赋，为唐末至五代间较著名的文学家。他于唐昭宗乾宁元年（894）登进士第，授秘书省正字，故又称“徐正字”。

徐夤曾游汴梁朱全忠幕府二年，之后回到家乡闽中。其间曾被五代十国中的闽国开国国君王审知辟为掌书记，因礼待简略，遂拂衣去，归隐延寿溪。后泉州刺史王延彬又将其召入幕府，凡十余年，最后终老于延寿溪。著有《探龙》《钓矶》二集，编诗四卷。

徐夤是晚唐写咏物诗的高手，其诗集中现存诗总共 271 首，咏物诗即有 93 首，超过三分之一。这首《贡余秘色茶盏》即为其咏物诗之杰作。

首联“捩翠融青瑞色新，陶成先得贡吾君”，透露了一个重要的历史信息：这种糅合青翠之色、颇有祥瑞之气的高档青瓷，烧造生产出来必须先进贡给帝王君主使用！

这就点明了其时秘色瓷的一种新的重要身份——它已经贵为贡品，不复是普通日用之器矣。这就与诗题“贡余秘色茶盏”里的“贡余”二字呼应上了。

接下来的四句堪称精彩，诗人连续用了“巧剜明月”“轻旋薄冰”“古镜破苔”“嫩荷涵露”四个生动的比喻，以无与伦比的奇特的想象力，极致赞叹秘色瓷的釉色之美。

你看啊，如同从清漪的春水中捞取明月，精巧地将其剜挖雕琢，又如轻旋的冰块刨出极薄的杯子，茶水盛放其间若绿云在荡漾。这明显借鉴了唐诗人皮日休诗句“圆似月魂堕，轻如云魄起”（《茶中杂咏·茶瓯》）的意境，而又比其更具象生动。这两句形象地刻画了秘色瓷“类

图 2–2　南朝青瓷莲瓣碗

玉”“类冰”的特征，诸如莹泽、滋润、通透、轻薄、明亮、精巧、规整等无法用语言形容的美妙都浓缩在了“巧剜明月染春水，轻旋薄冰盛绿云”14 个字之中。

唐代茶圣陆羽在《茶经·四之器》中，曾将北方邢窑的白瓷与南方越窑的青瓷作了对比，有精妙的描述：

> 碗，越州上……若邢瓷类银，越瓷类玉，邢不如越一也；若邢瓷类雪，则越瓷类冰，邢不如越二也；邢瓷白而茶色丹，越瓷青而茶色绿，邢不如越三也。

在这之后，唐宋诗人遂以“类玉”“类冰”形容越窑青瓷的佳处，徐夤这首诗就是鲜明的例证。

这首诗的接下来两句又进一步比喻：“古镜破苔当席上”，犹如古镜从青苔的缝隙间露出光芒；“嫩荷涵露别江渍”，又似刚从江边

图 2-3　唐定窑白瓷釦金盏托（临安区吴越文化博物馆藏并供图）

采摘来一片嫩荷叶，露珠在其中莹莹生辉。

这两句从色泽、形状等角度描写，并佐证了秘色瓷“无中生水”的特征。这样来比喻秘色瓷的釉色和光泽，虽不如陆龟蒙诗句“夺得千峰翠色来”那样磅礴大气，却胜在细腻动人。

该诗最后两句“中山竹叶醅初发，多病那堪中十分”同样用了典故。“中山”“竹叶”均为酒名或酒的代称，都有典故。

先说“中山”。晋代张华《博物志》卷一〇载：“昔刘玄石于中山酒家酤酒，酒家与千日酒，忘言其节度。归至家当醉，而家人不知，以为死也，权葬之。酒家计千日满，乃忆玄石前来酤酒，醉向醒耳，往视之。云：‘玄石亡来三年，已葬。’于是开棺，醉始醒。”俗云：“玄石饮酒，一醉千日。”后遂以“中山”为美酒代称。

至于“竹叶”，倒并非单独的酒种，而是古代对浅绿色酒的一种统称。若《宋诗别裁集》卷五所载苏轼《岐亭道上见梅花戏赠季常》诗云“野店初尝竹叶酒，江云欲落豆秸灰”，这里的“竹叶”就指色泽。宋人更喜用“竹叶青”“竹叶清”来称呼竹叶酒，巴蜀一带还把竹叶酒叫作“竹光酒”，说酒的光泽类同竹色。宋《嵩山居士集》载，晁公遡写过一首《竹光酒》诗，详细地吟咏了这种酒品的酿制特色。

宋代竹叶酒的产地比唐代更多，几乎所有的酿酒行业都能酿出上好的浅绿色清酒，许多州郡名酿也往往冠以“竹叶”之名，如宣城酒在宋代就专称竹叶酒。此外，成都、陕州、房州都有竹叶酒，见于诗家吟咏。陆游《剑南诗稿》卷一〇《怀成都十韵》中有“竹叶春醪碧玉壶”之句，说明成都有竹叶酒。宋人饮酒交往，常以竹叶酒为杯中美酿，以示清雅。

徐夤在此处借用刘玄石“一醉千日”的典故，表达了自己虽是多病之身，却仍愿用此秘色瓷盏痛饮美酒，宁肯沉醉其中、千日不醒，从而抒发对秘色瓷盏的激赏与热爱。

全诗紧紧围绕咏赞秘色瓷盏的主题，妙喻迭出，层层推进，形象生动而又含蓄隽永地把对秘色瓷盏的精美赞叹到了极致。但有意思的是，后世对徐夤此诗诗题的“贡余”二字有不同的解读。

一种观点认为，此处的“余”即指浙江余姚，是秘色瓷产地（越窑中心产地上林湖，过去属余姚境，今属慈溪境）。但也有一种观点认为，诗题中的“余”作“剩余”解，“贡余秘色茶盏”，顾名思义，就是“上贡之后遗留下来的秘色瓷茶盏”。

这后一种解释也很耐人寻味。史乘记载，五代十国时期秘色瓷为皇家专用之器，吴越国善事中原，以之朝贡，故“臣庶不得用之”（宋赵令畤《侯鲭录》）。非但是“不得用”，甚至也不容易见到。那么问题来了：徐夤见到的秘色瓷是从何而来的呢？有一种有趣的观点认为，或许是从他的诗友罗隐那里。

罗隐（833—910），字昭谏，自号江东生，杭州新城（今浙江杭州市富阳区西南）人，唐代文学家。罗隐少时苦学，聪慧能文，但科举之途坎坷，28 年间十度赶考，终未登第。后遂心灰意冷，归依吴越王门下，倍受礼遇，历任钱塘令、著作郎、掌书记、给事中等职。

罗隐与陆龟蒙、皮日休、徐夤等交好，徐夤有《寄两浙罗书记》诗一首，诗云：

进即湮沉退却升，钱塘风月过金陵。
鸿才入贡无人换，白首从军有诏征。
博簿集成时辈骂，谗书编就薄徒憎。
怜君道在名长在，不到慈恩最上层。

诗题中“罗书记”即指罗隐（罗隐时任吴越国掌书记）。

作为吴越王钱镠的红人，罗隐能得到上贡以后遗留的秘色瓷应该是情理之中的事，因此徐夤极可能是从罗隐那里看到或者得到了秘色瓷茶盏，这才写下了这首咏赞秘色瓷的佳作。

当然这只是一种推测，更多的人似乎更愿意相信徐夤此诗大约是写他在唐末朝廷或朱梁朝廷任职时看到过的秘色瓷，即进贡给皇帝又被皇帝赐给臣子的，故所谓“贡余”也。

此外，徐夤还写有一首《尚书惠蜡面茶》，中有“金槽和碾沉香末，冰碗轻涵翠缕烟”句，有人推断，其中的“冰碗”或许也是指“秘色瓷”茶碗。

稗官野史中的“秘色”

从以上陆龟蒙、徐夤二人诗作来看，在晚唐、五代时期，秘色瓷似乎还是清晰的概念：它是越窑青瓷中的精品，吴越国国王甚至将其作为向中原皇室称臣效忠的贡品。但是入宋之后，随着越窑地位日渐衰落，开始难觅秘色瓷的踪影，后人就只能凭空猜测想象起来，渐渐地，“秘色”就成了千古之谜。

而秘色瓷之所以会成谜，一些宋人笔记对其起到了推波助澜的重要作用。

首先要提的是宋人周煇的《清波杂志》。该书共12卷，记载了宋代的一些名人轶事、典章制度、风俗物产等，也保留了不少宋人佚文、佚诗和佚词。书中所载，有的可与他书互相印证或互校异同，其中为他书所未载者，又可拾遗补阙，故常为学者所称引，是宋人笔记中较为著名的一种。

《清波杂志》卷第五中即提到了秘色瓷：“越上秘色器，钱氏有国日供奉之物，不得臣下用，故曰秘色。”这条记载，是迄今所见最早提出秘色瓷是吴越国贡奉给中原皇室的特制贡瓷，臣庶不得用之，故而名曰“秘色”这一观点者。事实上，这一观点沿袭颇久，在很长时间内，人们都是受此影响来理解所谓秘色瓷的。

但其实，早在南宋时，就已有人对此提出不同看法。

赵令畤在《侯鲭录》中，先沿用了与《清波杂志》相似的说法：“今之秘色瓷器，世言钱氏有国，越州烧进，为供奉之物，臣庶不得用之①，故云秘色。”但接着又说：“比见《陆龟蒙集》‘越器’诗云：‘九秋风露越窑开，夺得千峰翠色来。好向中宵盛沆瀣，共嵇中散斗遗杯。’乃知唐时已有秘色，非自钱氏始。”

赵令畤认为，既然陆龟蒙的诗题中已点明是“秘色越器”，则可知“秘色”之句其实早在晚唐时已有，并不是从五代吴越国钱氏时成为贡品、规定臣庶不得用才名之，故而“秘色”之称肯定另有缘故。不过，赵令畤在《侯鲭录》中虽然否定了“秘色”为贡奉之物故而得名的结论，但“秘色”究竟为何指，他也没有提出自己的见解。

宋《嘉泰会稽志》卷第十九《杂纪》中，也有一条类似的记载：“越州秘色瓷器，世言钱氏有国日作之，臣庶不得辄用，故云秘色。按《陆鲁望集》‘越器’云：‘九秋风露越窑开，夺得千峰翠色来。好向中宵盛沆瀣，共嵇中散斗遗杯。’乃知唐已有秘色，非钱氏为始。”

这条记载的最后结论虽与《侯鲭录》相同，但它并没有将“秘色”与进贡直接挂钩，也就是说，秘色瓷的使用者除了中原统治者外，还包括吴越国国王。

宋人顾文荐的《负暄杂录》在谈论“秘色”时所得出的结论与前

① 原作“不得臣庶用之”，注曰“海虞本云‘臣庶不得用之’”，今从海虞本。

面两部书相同，不过，它认为"秘色窑器"出现的原因是"末俗尚靡，不贵金玉而贵铜磁"。叶寘的《坦斋笔衡》所述与《负暄杂录》基本一致。

在宋人有关"秘色"的论述中，当数赵彦卫的《云麓漫钞》最为怪诞，该书卷第十云："青瓷器皆云出自李王，号秘色。又曰出钱王……唐陆龟蒙有《进越器》诗云：'九秋风露越窑开，夺得千峰翠色来。好向中宵盛沆瀣，共嵇中散斗传（遗）杯。'则知始于江南与钱王皆非也。"

这里提到的"李王"即唐朝帝王，"钱王"为五代吴越国国王。《云麓漫钞》此说直接否认了秘色瓷产自江南及五代吴越国王，而是"李王"即唐朝皇帝所为，这是典型的张冠李戴了。

古陶瓷专家李刚在《青瓷风韵》一书中，在综合宋人笔记关于秘色瓷的诸种记载后，总结归纳出以下一些观点：

其一，在世人普遍认为秘色瓷是吴越钱氏烧造并专用于进贡的瓷器的同时，也有一些人认为秘色瓷出现于唐代。

其二，秘色瓷的使用者包括中原帝王和吴越等方国的统治者。

其三，各书在指明唐代已有"秘色"的同时，没有述及它的本义。

其四，宋代赵令畤《侯鲭录》中有"今之秘色瓷器"的提法，暗示了五代吴越国烧制的秘色瓷有部分流传到了宋代，当时不难见到。

其五，也是很有意思的一点，宋人引用陆龟蒙诗时，标题中均没有"秘色"二字，这表明，当时该诗已家喻户晓，故各书作者在引用时有意省略了"秘色"二字，否则"唐时已有秘色"的结论就不能成立了。

上述关于"秘色"之争的文字虽大多出现在南宋人所写的书中，但这一争论的起点则在北宋时期。尽管起初争论的范围不广，也不激烈，但嗅觉敏锐的朝中文人还是认识到了问题的复杂性，因而在著书立说时对"秘色"之名持一种审慎态度。

宋代欧阳修、宋祁等人在编撰《新唐书》时，将越州会稽郡土贡的越窑产品谨慎地称作“瓷器”，未加“秘色”二字。到了元代，脱脱等人在编修《宋史》时，仍不敢采用“秘色”之名，而将吴越钱氏所贡的产品称为“釦金瓷器”“金银釦器”“瓷器”“金釦越器”等。由此可见，自“秘色”出现以来，这个民间的称谓是一直被阻挡于宫廷之外的。

南宋那种激烈的“秘色”之争过后，关于“秘色”的讨论沉寂了很久。迨至明清，“秘色”问题重新又引起人们的重视，而此时讨论的焦点已经转移到了对“秘色”含义的认定上来了。

清蓝浦《景德镇陶录》卷七《古窑考·秘色窑》云：“《坦斋笔衡》谓秘色唐世已有，非始于钱氏，大抵至钱氏始以专供进耳。”此书编纂者经考证后得出结论，秘色乃是当时瓷器之名，这类瓷器“其式似越窑器而清亮过之”。清朱琰《陶说》卷二《说古·古窑考·吴越秘色窑》也持此说，认为秘色是当时瓷器之名。

秘色瓷当然是当时“瓷器之名”，但问题是：这里的“秘色”究为何指？

“秘色”究为何意

《清波杂志》作者周煇既是第一个在野史笔记中提到秘色瓷者，同时也是第一个提出对“秘色”的理解者：“越上秘色器，钱氏有国日供奉之物，不得臣下用，故曰秘色。”

在他的理解里，“秘色”之“秘”，带有“神秘”“秘密”之意，因其为吴越国王专门用于进贡，“不得臣下用”，故谓之“秘色”。

这一看法成为后世许多人头脑中先入为主的“正宗”观点。尤其是一联想到中国漫长的封建王朝时期，笼罩在帝王身上的那种至尊无上的神秘色彩，秘色瓷的“秘色”作“神秘”“秘密”来理解，似乎也就顺理成章了，人们从不轻易置疑。

当然，后来也衍生出另一种说法，所谓“秘色”，是指瓷釉的秘制配方，专供宫中用瓷所制，不为寻常工匠所知。

这一说法在商业逻辑上似乎也说得通。比如世界著名的可口可乐公司，它的配方自1886年在美国亚特兰大诞生以来，已经保密近140年。当时法国一家报社曾经以开玩笑的口吻说过：世界上有三个秘密不为世人所知，那就是英国女王的财富、巴西球星罗纳尔多的体重以及可口可乐的配方。

为了保住这个秘方，可口可乐公司元老级别的罗伯特先生在1923年成为公司领导人时，就把保护秘方作为公司的首要任务。当时，可口可乐公司向民众播放了这一饮料发明者约翰·潘伯顿的手书藏在银行保险库中的过程，并表明如果谁要查询这一秘方必须先提出申请，经由信托基金董事会批准，才能在有官员在场的情况下，在指定的时间内打开。

据说截止到2000年，知道这一秘方的只有不到10人。而在与合作伙伴的贸易中，可口可乐公司只向其提供半成品，获得其生产许可的厂家只能得到将浓缩的原浆配成可口可乐成品的技术和方法，却得不到原浆的配方和技术，所以说想要看到可口可乐的配方简直是难如登天。

回到秘色瓷的话题，这个“秘色”果真是指釉料的秘制配方吗？这也未必。

尽管从史料记载看，从晚唐开始，越窑一直在官方的监督下烧制宫廷用瓷，在瓷窑址考古中也的确在上林湖窑区发现了专门承烧贡瓷的“贡窑”，但问题是，这类窑场的秘色瓷（包括贡瓷）与一般的商品瓷始终是同窑合烧，两者从未“劳燕分飞”。

就连徐夤的《贡余秘色茶盏》诗中，也明确说到“陶成先得贡吾君”，清楚地道出了贡瓷的装烧状况和遴选方式，即制作精致的瓷坯和做工一般的瓷坯一并入窑焙烧。烧成后，先从成千上万件产品中挑选出数量有限的优质青瓷作为贡瓷，其余的便可销往各地。

既然贡瓷与普通的商品瓷同窑烧造，窑场规模如此之大，地点又如此分散，加之窑工多为自由的民间手工业者，如果秘色瓷真有所谓的“秘制配方”，这个“秘密”能守得住吗?

清人蓝浦在《景德镇陶录》一书中，对“秘色”穷根究底时曾得出这样的结论：“秘色特指当时瓷色而言耳。”他始终还是认为“秘色”当指瓷色。那又是一种什么颜色呢?

有一种观点认为，这个“秘色”即“碧色”。

成书于东汉、堪称中国最早字典的《说文解字》云：“秘，神也。从示必声。”古代“秘”字又有“稀奇”之意。因而单从字面上看，“秘色”应为“神奇之色”。但最初“秘色”当作“碧色”。“碧”与“秘”古音相同（今南美国家秘鲁的“秘”即念“必”），当越窑烧制出碧玉般的瓷器并销往各地时，令人惊叹不已，以为神奇，故讹写成“秘色”。

持此论者也有众多的史料依据。清人蓝蒲《景德镇陶录》在叙述“秘色”时说：“秘色窑，青色近缥碧，与越窑同。”“缥”字的古义为丝织品青绿而光亮的色泽，这就是说，越窑秘色瓷具有碧玉般的质感。该书在谈到其他各窑的青瓷时，也常用“碧”字作比喻，例如：“官窑、内窑、哥窑、东窑、湘窑等色青，其青则近淡碧色。”

碧是分布较广的一种青色玉石，有由浅到深的许多色阶，用它制成的玉器，青莹滋润，典雅华贵，深受世人喜爱，而历代青瓷精品往往具有这种“碧色”之美，故而持此种观点者认为，所谓“秘色”，实际上已成为“碧色”的同义词。

值得一提的是，自北宋以后，随着以上林湖窑区为中心的浙东青瓷业逐渐衰落，很长一段时间内真正的秘色瓷绝了影踪，“秘色瓷”的称谓渐渐有了一种泛化的倾向。

在宋人笔记中，凡是具有碧玉质感的青瓷都被称作“秘色瓷”。如宋人庄绰《鸡肋编》记载：“处州龙泉县……又出青瓷器，谓之秘色。”这是龙泉窑青瓷被称为“秘色”的例证。

北宋重和元年（1118），平江（今江苏苏州）一座大墓被村民盗挖，“有一秘色香炉，其中灰炭尚存焉，诸卒争取破之”（宋张邦基《墨庄漫录》）。此墓残碑有“中平年”字样，宋人考证为东汉晚期孙策之墓。这个例子就更能说明问题，说明在宋人眼里，“秘色”已无时空限制，就连三国时的青瓷器，就因其具有碧玉般质感，也可称为“秘色瓷”了。

另外，陕西耀州窑出一种青瓷，在宋代被称作“越器”，就是因为它具有与越窑“秘色”相同的釉色。此事见于南宋文人陆游的《老学庵笔记》：“耀州出青瓷器，谓之越器，似以其类余姚县秘色也。”老学庵是陆游在故乡绍兴镜湖边的一个书斋，《老学庵笔记》中所述大多为其亲历亲见之事，比较可信。

北宋汝窑的青瓷，釉层丰润，宝光内蕴，金人赵秉文的《汝瓷酒尊》诗不仅称之为“秘色”，而且用“碧玉”来形容它的色泽。此外，广东出产的青瓷，亦曾被称作“南越秘色瓷”。就连高丽（朝鲜半岛）受“越州古秘色、汝州新窑器”影响而生产的青瓷，也被誉为“高丽秘色”。

凡此种种，都反映了一个历史事实：到了两宋时，“秘色瓷”的概念已经有了泛化的现象。

曾在晚唐五代时作为吴越国进贡中原的贡品、地位备极尊贵的秘色瓷，在吴越国纳土归宋之后，是不是仍在继续烧造呢？从文献记载来看，至少到了南宋时期，仍有这种现象。

有关南宋时仍烧造秘色瓷，在明代李日华《六研斋笔记》中有这样的记载：“南宋时余姚有秘色磁，粗朴而耐久，今人率以官窑目之，不能别白也。”这条记载颇耐人寻味，“粗朴而耐久”这样的话，仿佛今人夸某样东西经济实惠，让人怎么都无法跟晚唐五代时作为贡品的高等级青瓷器秘色瓷产生联系，由此可见，到了南宋，“秘色瓷”的称谓的确是有些泛化而走样了。

综上所述，可以看出自宋代以后，迨至明清，关于“秘色瓷”含义的理解，不外乎两类：一类是认为“秘色”意指“神秘”“秘密”，其因缘于五代吴越国以之作为贡品进贡，臣庶不得用之，故称“秘色”；一类则以为“秘色”应该还是指某种“瓷色”，或以为“秘色”从字面上理解就是“神奇之色”，其原始答案就在陆龟蒙《秘色越器》诗的前两句中，它就是秋天的千峰翠色。

将“秘色”认定为某种“瓷色”，似乎是得到大多数人认同的观点。清代笔记《景德镇陶录》卷九《陶说杂编下》引《爱日堂抄》云：“自古陶重青品，晋曰缥瓷，唐曰千峰翠色，柴周曰雨过天青，吴越曰秘色，其后宋器虽具诸色，而汝瓷在宋烧者淡青色，官窑、哥窑以粉青为上，东窑、龙泉其色皆青，至明而秘色始绝。”

这条记载的最后一句，似为画龙点睛之笔，它揭示了“秘色”概念到后来被无限扩大的事实——自古以来凡是釉色莹润的优质青瓷皆属“秘色瓷”。

但是近年来，也有学者提出了与前述“秘色”为“瓷色”说截然不同的观点。毕业于厦门大学考古专业、长年供职于浙江省博物馆、几乎毕其职业生涯研究浙江古代青瓷的古陶瓷学者蔡乃武认为，“秘色”跟釉色无涉，而跟供御有关。据其自述，这一观点的灵感其实还是来自乾隆皇帝关于陶瓷的那些御制诗。

乾隆皇帝颇喜写诗，据说在其近90年的人生历程中，曾写下4万余首诗(一说有10万首之巨)。虽然用严格的文学标准看，这些“御制诗”颇类打油诗，多数不足观，但有意思的是，乾隆在赏玩古陶瓷器之后兴之所至写下的赏鉴诗中，对所谓“秘色”的解读倒是给了后人一种新的启发。

如“修内陶成供秘玩”，这里的“修内”当指南宋定都临安后所置之“修内司官窑”。宋人叶寘《坦斋笔衡》载：

> 中兴渡江，有邵成章提举后苑，号邵局，袭故京旧制，置窑于修内司，造青器名内窑。澄泥为范，极其精致，油色莹彻，为世所珍。后郊坛下别立新窑，比旧窑大不侔矣。

这个修内司官窑的窑址已经被找到，即今杭州凤凰山上的老虎洞窑址。

修内司官窑烧造的瓷器，当然是专供皇室宫廷使用的，所以乾隆皇帝诗里说“陶成供秘玩”。这个“秘玩”的“秘”，指的就是皇帝自己。

乾隆御制诗里又有“宋时秘色四称名”句，乾隆还专门对“四称名”作了注解：“谓汝、官、哥、定。”这里提到的“汝、官、哥、定”就是习称的宋代五大名窑中的汝窑、官窑、哥窑、定窑(另一名窑为钧窑，俗称“官哥汝定钧”宋代五大名窑)。从这句诗可以得知，在乾隆皇帝眼中，所谓的“秘色”跟釉色青白无关，而是跟是否生产供御用瓷器直接关联。

在这种观点看来，“秘”者，即指皇家内宫或径指皇帝本人，秘色瓷乃专供皇帝享用，臣庶不得用者。无论官窑或修内司督造专供皇

图 2-4　修内司官窑遗址

室的汝、定、哥、龙泉乃至耀州窑等，均可称焉。

为这种观点提供佐证的是，南宋太平老人《袖中锦》中还记载有“高丽秘色”，明代徐应秋《玉芝堂谈荟》卷三《自奉之侈》中还提到“南越秘色瓷”，这些邻国所产之瓷，之所以亦称秘色，是因为曾被当时高丽王国和南越王国选中，进贡给宗主国皇帝也。

持这种观点者进一步认为，之所以过去学者在“秘色瓷”的问题上一直纠结于“秘色”究竟是怎样一种青色而不能自拔，还有一个重要原因，就是对“色”的解读可能也存在误区。

可以说，几乎所有的专家学者都是从“色”字的本义上去理解，所谓“色”，即“颜色”也。蔡乃武则认为，“秘色”之“色”应该是其引申义而非本义，指的是种类、质量、品类、等级，亦即俗语所谓的“货色”“角色”“成色”之意。

“色”字引申义颇多，在唐宋时期已经广泛应用，如佛教禅宗把

“色”作为重要佛家用语，将有形质能使人感觉到的东西称为“色”，泛指一切物质的存在，而把属于精神领域的意识意念称为“心”，将“色”与“心”二字内涵提炼到了哲学的高度。至于“色即是空”“空即是色”更是雅俗共赏、妇孺皆知的成语。

按照这样的解读，秘色瓷的“秘色”二字，其实是个偏正词组：“秘”即皇家（甚至皇帝本人），“色”则是等级，合之秘色瓷的概念亦即明了了，指进贡内廷专供皇帝御用的瓷器，若用当今通俗的话来说，秘色瓷即顶级瓷。

近代著名古陶瓷研究学者、有“中国陶瓷考古之父”之誉的陈万里先生自1928年起，为了考察浙江青瓷，曾走出书斋“八去龙泉，七访绍兴”，先后发现了龙泉窑大窑遗址、上林湖越窑遗址。他在对古越窑进行广泛深入调查后，也曾对秘色瓷作出这样的评述：

> 因之置官窑所烧造的御用越器，自然会精益求精，颜色与式样一定更会与民间所用大不相同……这一种进御的青色，不能与一般民间所用相比拟，就给它一个秘色的名字……由此可以看出无论古今，人们一直把秘色瓷之“色”当作该瓷器的工艺特征来看待，而“秘”字和秘府的用法有点相同……

现在回过头来看差不多100年前陈万里先生对秘色瓷的评述，他对“秘色”二字的理解，其实也是分开来看的，他认为“秘”字和秘府的用法颇类（有点接近皇室的意思），只不过他对“色”的理解，还是认为可能是该瓷器的某种工艺特征。但在理解的思路上，与最新的这种观点，从某种角度上来说也是不谋而合。

当然，“一千个读者的眼中有一千个哈姆雷特”，对于秘色瓷而言，同样也是如此。谁也不敢断言，自己对“秘色”二字的理解就是颠扑不破的真相。或许，随着研究的深入，对于秘色瓷之“秘色”，还会有新的见解不断涌现。

贰

地宫揭秘——秘色瓷的考古发现

对于秘色瓷而言，关于其“秘色”含义的理解固然是众说纷纭、莫衷一是，但其实更大的谜团在于：秘色瓷究竟是怎样的瓷器？它的釉色、造型、装饰究竟如何？……除了文献中的描写，唐宋之后的人谁都没有见过秘色瓷的实物，甚至连位至九五之尊、宫中藏宝无数的清代乾隆皇帝，都不无遗憾地感慨“李唐越器人间无，赵宋官窑晨星看”。

好在地不爱宝，到了20世纪80年代后叶，因为陕西关中一座古塔的意外倒塌，考古人员在清理塔下地宫时，在一个包裹中意外地发现了13件青瓷器，而在随埋的物帐碑上，赫然刻着“瓷秘色碗七口，内二口银棱，瓷秘色盘子、碟子共六枚”字样，合之恰好13件！有了实物与文字记载的印证，“久负盛名，不得物证”的秘色瓷，终于在世人苦苦寻觅千余年后，撩开了她那神秘的面纱。

更令人欣喜的是，正是有了法门寺地宫出土的“标准器”，之前考古发现的一些越窑青瓷精品也相继被确认为秘色瓷，得到了公允的“册封”。

轰然倒塌的古塔

在素有“中国青铜器之乡”之誉的陕西省宝鸡市，有个扶风县，为宝鸡市东大门，因“扶助京师，以行风化”而得名。扶风为全国重点文物保护单位周原遗址所在地，该遗址被列为20世纪中国百项考古新发现之一，出土的大克鼎、大盂鼎、毛公鼎被誉为“海内三宝”“国之重器”，扶风也因之被视为西周文化发祥地，素有“周礼之乡”美誉。

在扶风县法门镇，有一座千年古刹——法门寺。

法门寺相传始建于东汉末年桓灵年间，距今已有1800余年历史，向有“关中塔庙始祖”之称。寺最初名阿育王寺。公元前3世纪，阿育王统一印度后，为弘扬佛法，将释迦牟尼佛舍利分成八万四千份，分送各国建塔供奉。中国有19处，扶风阿育王寺为第五处。

据史载，其时寺内因舍利而置木塔，共4层，塔下设有地宫，地宫中存放用紫檀香木所制棺椁，内以金瓶盛放佛祖指骨舍利。木塔名“真身舍利宝塔”。

在战火纷飞、干戈扰攘的十六国和南北朝时期，扶风阿育王寺供奉佛骨舍利的木塔屡遭破坏，尤其是北魏太武帝时禁佛教，毁佛经、佛像和塔寺，扶风阿育王寺真身舍利宝塔亦在劫难逃，成为废墟。不过尽管如此，当时仍有信徒不断前来烧香礼佛，这里也被当时的人们称为“圣冢”。

后北魏皇室后裔、岐州牧拓跋育修复阿育王寺和舍利塔，并于西魏恭帝二年（555）首次开塔瞻礼舍利，阿育王寺从此名声大振。

隋文帝开皇三年（583），寺改称“成实道场”，舍利塔也随之改称“成实道场舍利塔”。仁寿二年（602），右内史李敏二次开塔瞻礼。隋恭帝义宁二年（618），改“成实道场”为法门寺，塔也更名为法门寺舍利塔。是年，法门寺不幸遭遇火焚，一片冲天火光后，仅剩塔基残垣。

唐太宗贞观五年（631），岐州刺史张德亮在塔基上修筑望云殿，以殿代塔，殿楼4层。唐高宗显庆五年（660），迎佛骨于东都洛阳，供养三年后，于龙朔二年（662）送法门寺地宫，并诏令重修法门寺塔。

据史载，唐高宗一次向寺院施舍钱5000贯、绢5000匹，皇族大臣也纷纷捐物献钱，《法苑珠林》记载其盛况曰："于时京邑内外道俗，连接二百里间，往来相续。"张彧撰《无忧王寺真身塔铭》中对重修的法门寺塔曾有"拔一柱以戴天"的描述，可想见其壮观。

从这篇塔铭也可得知，法门寺又曾名"无忧王寺"，塔又名"无忧王寺真宝宝塔"。唐中宗景龙四年（710），题舍利塔为"大圣真身宝塔"，亦名"护国真身宝塔"。

后梁末帝龙德二年（922），原唐节度使、岐王李茂贞修葺木塔，添置塔心樘柱，并在塔顶覆盖绿色琉璃瓦，每逢朝霞满天或夕阳西下之时，塔顶金碧辉煌，塔身雄姿昂然，巍巍然立于岐山之阳。时人薛昌序在《秦王重修法门寺塔庙记》中赞其"穷华极丽，尽妙罄能"，足以与长安城内的大、小雁塔媲美。

到了宋代，法门寺承袭了唐代皇家寺院之宏阔气势，规模甚宏，据说仅其中二十四院之一的"浴室院"即可日浴千人。宋徽宗赵佶曾手书"皇帝佛国"四字于山门之上。

金元之际，法门寺仍为关中名刹，"藏经碑"中有寺僧抄写大藏经5000卷之记载，金人也刻诗碑盛赞其寺塔："三级风檐压鲁地，九盘轮相壮秦川。"

明清以后，法门寺逐渐衰落。明隆庆三年（1569），凤翔府发生地震，历经数百年的唐代四层木塔崩塌。隆庆年间，修缮法门寺的工匠们曾在地宫中目睹盛装佛骨的宝匣。《扶风县志》记载："隆庆中，木塔崩。启其藏视之，深数丈，修制精工，金碧辉煌。水银为池，泛金船其上。内匣贮佛骨，旁金袈裟尚存。"不过，工匠们在惊诧之余，出于对佛祖的崇敬，并不敢扰动佛骨宝匣和地宫宝物，地宫随后被封闭。

隆庆年间塔倒之后，当时有位大师发下弘誓大愿，以铁锁穿于锁骨之上苦行，感动了许多善男信女，化缘筹资，重建宝塔。今法门寺大雄宝殿西壁还嵌有石碣一通，刻佛偈一首，曰："法门寺，成住坏，空起忽起痴僧债。百尺铁锁挂肩筋，欲与如来争气概。争气概，尔毋苦，好待当年许玄度。"这首佛偈即记载了这位大师的功绩。

图 3-1　坍塌前的法门寺塔

明万历七年（1579），地方士绅杨禹臣、党万良等倡议捐资修塔，历时 30 年，建成八棱十三级砖塔。塔高 47 米，棱以雕琢花砖砌成，拱角处悬挂铃铛，微风过处，铃铛叮咚作响。塔身东南西北四正面皆有精美石刻，分别为"浮屠耀日""真身宝塔""舍利飞霞""美阳重镇"。塔顶以青铜铸造，葫芦形，上铸"明万历三十七年造"8 个楷体大字。

综观整个舍利塔全貌，塔基边长 27 米，高 1.8 米，塔基、塔身、塔顶相加后的寺塔高为 60.25 米，巍峨高耸，壮观宏丽。

清顺治十一年（1654），关中地区再次发生地震，法门寺塔身向西南方向歪斜，不少佛像从塔上佛龛中跌落地面。清同治元年（1862），在动乱中，法门寺一度被攻占，寺院也毁于大火。

民国二十八年（1939），在爱国志士、时任华北慈善会会长的朱子桥主持下，上海实业家李祖绅、李祖才兄弟捐资 3 万元，又从各方

图 3-2　法门寺半壁残塔

募集到2万元，开始了对法门寺自晚明以来最大规模的维修。此次维修历时一年零四个月，于1940年7月竣工。

在这次重修法门寺时，曾有民工无意中挖开了地宫门的一角，探头往里看时，发现里面似乎藏有宝物，不免惊叫起来。朱子桥闻讯赶来，立刻叫停施工，并命人将缺口补上，并用黄土夯实。同时召集众人商议，说“现日军已经占领华北，若风声走漏，致使珍宝落入日寇手中，大家都将成为千古罪人”。

深明大义的当地百姓纷纷表示，一定严守秘密，决不吐露半声。颇有血性的秦川汉子还真是说到做到，一诺千金，果真无人将地宫秘密泄露出去。朱子桥等人又将地宫一角的缺口重新封闭起来，还对外谎称塔下洞内毒蛇盘绕，根本无法进入（这就是1987年考古人员发掘地宫时，在土壤中发现的瓜子皮和糖纸，还有那流传的青蛇出洞传说的由来）。

1966年“文革”期间，有人欲挖地开塔，寺庙僧众拼死守护，法门寺地宫又逃过一劫。

1976年8月，四川松潘发生大地震，波及扶风，法门寺塔西南面第二层砌砖粉碎跌落，塔身向西南严重倾斜，塔身亦接连出现裂缝与垮塌，古塔危在旦夕。

1981年8月，关中连降大雨，雨水渗漏进法门寺真身宝塔裂开的塔身，加剧了古塔的倾颓。24日午夜，随着一阵撼天动地的巨响，法门寺塔半边轰然倒塌，只剩余半个塔身孤零零地危立于残破的砖石台基之上，形成了极其独特的“半塔”景象。

发掘法门寺地宫

法门寺塔的倒塌，对法门寺僧众来说是一个难以弥补的无妄之灾。据说塔倒之时，法门寺住持澄观法师目睹此惨祸，随即瘫倒于大雄宝殿月台之上。此事在国内外佛教界也引起很大震动，一些国外大德高僧纷纷驰电探询何日重建真身宝塔。

不过，对考古人员而言，法门寺塔倒塌却是一个千载难逢的机会。

因为他们早就听说，塔下地宫中可能埋藏着唐代皇帝赏赐给法门寺的诸多珍贵的礼佛之物，甚至有传说地宫中还埋着一枚极其罕见的佛祖释迦牟尼指骨舍利。在佛塔地宫中埋藏礼佛宝物，是中国各地寺庙的一个传统，在许多考古发掘中都得到了印证。就法门寺地宫而言，它其实早就已经露出过一角峥嵘，现在终于有机会可以去一探究竟了。

因为根据《中华人民共和国文物保护法》，一般不提倡主动发掘，但若是遇上特殊情况（比如重大生产建设过程中发现古迹、不法分子盗掘古迹被缉获等），考古人员就必须赶赴现场进行抢救性发掘。

现在法门寺真身宝塔倒了，剩下的“半塔”成了一道独特的景观，吸引了不少当地民众和外地游客前来观瞻，成了一种不小的安全隐患。加上法门寺是著名的佛教圣地，寺塔因故倒塌，海内外信徒要求重建的呼声很高。到了 1986 年，陕西省人民政府作出了重建法门寺真身宝塔的决定。

为了配合这一工程建筑，陕西省、宝鸡市、扶风县三级文物考古部门抽调专人组成联合考古队，先对原先坍塌的佛塔地基进行发掘清理。

通过发掘清理，考古人员陆续发现了明代环形基槽和唐代以青石砌边的方形夯土塔基，并在塔基的正中部位发现了唐懿宗咸通十四年（873）建造的地宫藻井盖，从而揭开了法门寺考古工作最辉煌的一页。

图 3-3 法门寺地宫发掘场景

对法门寺地宫的发掘从 1987 年 2 月 28 日开始。

考古人员在发掘塔基时，打了一个十字探方（“探方”是考古术语，通常是正方形的，面积为 5 米 ×5 米，以探方为单位进行发掘，便于观察地层和出土物），先清理了明代塔基及其中心的圆形扰坑。

4 月 2 日清晨，用来探测的洛阳铲打到石板上了。考古人员清理完上面的扰土，底下露出一个一米见方的汉白玉石盖，盖的西北角有三块碎石。人们把碎石刨开，一个地洞显露出来。

当时在现场参与发掘的韩金科（后任法门寺博物馆馆长）回忆说，这个时候是上午 10 点左右，太阳照射下来，往洞里看，似乎云雾缭绕，看起来很是神秘，也很壮观。

事实上，当掀起这块汉白玉石藻井盖一角仅几秒钟，考古人员就被洞内贮藏的数量众多的瑰宝震撼到了。

但是，尽管这些数不胜数、金碧辉煌的金银珍宝已近在眼前，考古人员还是按捺住了激动的心情，决定先把已暴露的洞顶迅速掩埋好。他们要按照科学的考古发掘程序，先找到地宫的入口。

来自陕西省文物考古研究所的发掘副领队韩伟根据多年的考古现场经验推断，地宫的入口应该在塔基的正南方。后来考古人员果然在塔基正南方发现了进入地宫的通道，共有 19 级青石台阶。

经过三天紧张的发掘，通道被全部清理出来，而且发现了大块巨石封堵着的地宫大门。从已显露的浮雕双凤纹门楣石来看，可以肯定地宫是唐代建造的。随着巨石被导链吊离，考古人员惊奇地发现，石门上竟然还挂着一把铁锁！（事后得知地宫内四座石门均加大锁。）

尽管铁锁早已锈蚀斑斑，但仍然尽职地“坚守”在它的岗位上。后来考古人员经过推算，从唐代最后一次封闭地宫算起，这把铁锁已经整整锁了 1113 年。考古人员设法在不损坏铁锁的前提下，打开地宫大门。

这是第一道石门。石门后面又是长长的甬道，石壁上雕刻着皇帝宿卫军高级将领的题名衔，地上则撒满了厚厚的一层古钱币，总数超过了两万枚。这些古钱应该都是当时的善男信女们敬奉的。考古人员后来在其中还清理出了 13 枚用玳瑁制成的纪念币，是中国钱币考古的首次发现。

甬道尽头又是一道石门，石门前立着两块刻满文字的石碑。经过释读，得知其中一块碑是纪事碑，碑文记载着印度阿育王分送舍利于法门寺供奉，到中国历朝尤其是唐朝皇帝供养佛指舍利的盛况。另一块则是物帐碑，上面详细记录着为供奉佛指舍利捐献物品的名称、数量以及奉献者的姓名。

换句话说，这块碑上记载的就是地宫中埋藏的宝贝的“清单”，到时候从地宫中挖出的文物，可以跟这个“清单”对一对，看是不是有缺少。

石碑后的这道石门很难开启。门上倒是没有锁，但是，里面的建筑已经变形，严重影响了石门的开启。发掘副领队韩伟回忆，当时他们打开地宫，发现地底下砌的石头全部都翘起来了，上面的顶子也已全部折断，有的石头都快掉下来了，看来往年的几次地震，对地宫建筑造成了不小的影响。

考古发掘工作变得异常艰难，工作人员都只能匍匐着进入，而且只容一个人工作，一个人在旁边看着，看有没有出差错。

令人感到庆幸的是，尽管地宫曾承受了塔身的巨大压力、历次地震以及年代久远造成天顶和地面毁损，但考古人员发现，地宫内放置的物品却安然如初。这是不幸中的万幸。

首先映入考古人员眼帘的是一件历经千年却依然光彩夺目的阿育王塔。它用整块汉白玉雕成，塔四面雕刻着身姿婀娜的菩萨像，朱红色的裙裤和粉绿色的披带，如同刚刚画就的一样。

在阿育王塔四周的地面上堆积着无数的丝织品。经过千年岁月的

图 3-4　唐绛红罗地蹙金绣案裙（法门寺博物馆藏）

侵蚀，丝织品已不复昔日的艳丽，多数已褪变成褐红色，但从隐约可见的图案和缜密的经纬纹理中，仍能让人感受到中国古代丝绸的华贵与精美。

边上还有一个白藤箱，里面装着的丝绸衣服已粘成一团。一对照门外石碑上的记载，考古人员惊喜不已：原来这箱子里装的都是唐朝宫廷里的丝绸衣物，共有数百件，其中有惠安皇太后的，甚至还有武则天穿过的裙子！

没错，物帐碑上明确写着“武后绣裙”。也就是说，这是武则天当年穿的绣裙，这也是迄今为止发现的唯一一件武则天的遗物。

尽管眼下的发现已让考古人员惊诧，但毫无疑问，更多的遐想还在地宫中尚未开启的石门后面。不过，为了防止地宫突然坍塌造成对文物的损害，考古人员决定暂不开启这扇石门，而是先把最初发现的那个地洞中的宝物清理出来。

地洞位于法门寺地宫的后部，从已发掘的地宫甬道、前室来看，地洞的位置应该是地宫的后室。当考古人员揭开那块已经破碎的大理石盖板，直接从顶部进入洞中时，发现这间石室中摆满了珍宝，其中金银器就有 121 件，各种珠宝玉石 400 多件，琳琅满目，让人目不暇接。

在古代文献中，曾记载地宫宝物“穷天下之庄严，极人间之焕丽”，对照眼前的现实看，这样的描写并非夸张之辞。

在金银器中，最奇妙的当属两个鎏金银质的圆球。这种器物叫作“香囊”（见图 3–5），在球内的小碗中装上香料，点燃后香气就从镂空的纹饰中溢出。当年，它们是被悬挂着使用的，为了防止香囊晃动时香料溢出，工匠们在内部装了两个平衡环。圆球滚动时，内外平衡环也随之滚动而香碗的重心却不会动。这种平衡装置，与现代运用于航海、航空的陀螺仪原理是一模一样的。

在后室里，考古人员还发现了一根巨大的锡杖，全称叫“双轮十二环鎏金银锡杖”（见图 3-6），长达 1.96 米，在已发现的考古实物中无出其右者，是名副其实的“世界锡杖之王”。电视剧《西游记》里唐僧手中的叫锡杖，相传这是佛祖释迦牟尼出行时用来驱赶毒蛇害虫用的，后来演变成佛教权威的象征。

图 3-5　唐鎏金银质香囊
（法门寺博物馆藏）

第三道石门在地宫的中室。一顶硕大的汉白玉灵帐几乎把中室占满了。灵帐顶端罩着三件用纯金罗纹线和丝线交织而成的袈裟，旁边还放着一双金丝绣鞋。

考古人员在汉白玉灵帐后面发现了一只已经腐朽的檀木箱，箱中装满了瓷器。这些瓷器被一些薄纸包裹着，又被放在一个丝绸包裹中，最后放入金包边的檀木箱里。一数，一共有 13 件，器形有碗、碟、盘子等。

图 3-6　唐银金花双轮十二环锡杖
（法门寺博物馆藏）

这看起来似乎也很平常的碗碟之类的生活用具，何以要如此精细包裹、小心收藏？

考古人员随即想到了之前在地宫入口发现的那块“物帐碑”（全称为《应从重真寺随真身供养道具及恩赐金银器

图 3-7　法门寺地宫出土的八重舍利函

物宝函等并新恩赐到金银宝器衣物帐》碑），上面不是详细记录了为供奉佛指舍利捐献物品的名称、数量吗？去对对看！

还真的查到了。物帐碑上刻着这么一段话：“瓷秘色碗七口，内二口银棱，瓷秘色盘子、碟子共六枚。”（见图 3-8）

“瓷秘色”！这三个字让考古人员惊呆了！莫非，这些瓷器真是传说中的“秘色瓷”？

“瓷秘色碗七口”，“瓷秘色盘子、碟子共六枚”，加起来是 13 件瓷器，而考古人员在那个檀木箱子里发现的瓷器，刚好是碗、盘、碟这三种，数量刚好是 13 件，丝丝入扣，全部对上了！

物帐碑上这短短一句话，揭示了这批瓷器的真实身份——“秘色瓷”。

在唐代一些文人的诗文中，曾用华美的词句描写“秘色瓷”，他们形容这种瓷器就像“薄冰托着青云，嫩荷盛着露水”，美轮美奂，令人惊羡。但这种“秘色瓷”究竟是怎么样的，因为谁也没有见过真正的实物，以至于越传越玄，这种瓷器俨然成了千古之谜。

没想到，一场大雨、一道惊雷，竟然让一个困扰世人多年的千古之谜一朝解开：原来“秘色瓷”就是这样的，消失千年的“秘色瓷”终于又现身了！

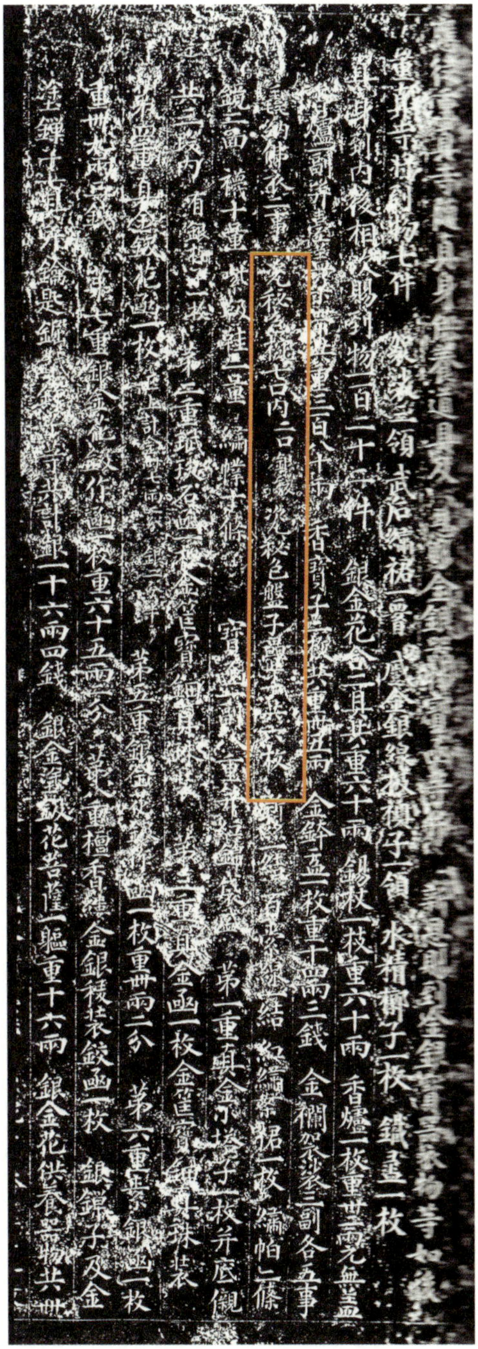

图 3-8　物帐碑上的秘色瓷文字

一睹秘色瓷真容

事实上，法门寺地宫的发掘堪称中国考古史上的一个奇迹。地宫中出土了 2499 件唐代皇室赏赐给法门寺的精美文物，其中不乏金、银、玉、琉璃、丝绸等文物精品，以至于后来甚至有了“地宫一开，便是半个盛唐”的说法。更不用说地宫中还出土了 4 枚佛骨舍利（其中 1 枚骨质，另有 3 枚玉质“影骨”），更是轰动天下。

但是对于考古人员来说，更令人激动的发现可能还是秘色瓷。因为法门寺地宫的发掘，让原本“只负盛名，不见物证”的秘色瓷从此得到了文献和实物的印证，从而一解秘色瓷这个千古之谜。还有比这更令人欣喜的考古发现吗？

来，让我们去一睹这些秘色瓷的真容！

地宫出土的秘色瓷共有 13 件，样式有碗 7 件（其中青绿釉碗 5 件，鎏金银棱平脱雀鸟团花纹碗 2 件），盘、碟各 3 件。这 13 件瓷器，是迄今为止唯一能与物帐碑相互印证的确切“秘色瓷”。

在地宫中同时还出土一件八棱长颈净水瓶，虽未记载在物帐碑中，但经专家研究，与前述 13 件瓷器胎质、釉色基本相同，因此也可认定为秘色瓷。

秘色瓷碗共 7 件，从装饰工艺来分，可分为加银釦边和不加银釦边两种。

不加银釦边的 5 件秘色瓷碗，从形态上又可分为五瓣葵口圈足和侈口两种。

五瓣葵口圈足碗 2 件，大小差不多，口径 21.8 厘米，圈足径 9.9 厘米，通高 9.4 厘米，今均藏法门寺博物馆。从形制来看，两件碗均相同，碗口为五瓣葵口，腹壁斜收，圈足微外侈。通体施青釉，足底露胎，胎色浅灰，质地细密。其中一件碗还因包裹纸粘贴于器外而留下唐代仕女图。

侈口碗 3 件，其中 2 件今藏法门寺博物馆，1 件藏中国国家博物馆。大小形制也基本差不多，口径 24.5 厘米，底径 11 厘米，通高 6.8 厘米。形制为侈口，平沿，腹壁斜收。通体素面，施青釉。碗底外壁留有清晰墨迹的唐代仕女图案。

碗底外壁遗留的图案并非瓷碗原有装饰，而是当时秘色瓷被作为

图 3-9　法门寺地宫出土的秘色瓷（法门寺博物馆藏）

供奉品放入地宫时，为减少瓷器之间的摩擦磕碰，用来包裹的绘有仕女图的纸上留下的图案。历经千年，包裹的纸张已成灰片，但纸上的仕女图案印痕留了下来，成了研究唐代绘画的珍贵实物资料。

画中仕女发髻高耸，脸形圆润，体态丰腴，着大袖纱罗衫，气质雍容高贵。绘画手法为游丝细线勾勒，均匀细腻，生动地表现了唐代仕女的飘逸风神，一种大唐盛世气象活生生地展现在世人面前。

带银釦的碗共 2 件，也即物帐碑中所说的“内二口银棱”。考古人员根据这两件器物的工艺、花纹等特征，将其重新作了命名，名字有点拗口且长：“鎏金银棱髹漆平脱雀鸟团花纹秘色瓷碗”。

“鎏金银棱”和“髹漆平脱”说的是施加在瓷碗上的两种工艺，“雀鸟团花纹”则是加工出的花纹，“秘色瓷碗”才是真正的主角，是之前稗官野史中神秘莫测、众说不一的唐五代时期进贡皇室的“秘色瓷”器。

图 3-10　唐秘色瓷碗外壁残留的仕女图（法门寺博物馆藏）

唐代的金银器在历史上有极其尊贵的地位，代表了那个时期最极致的工艺水平，考古出土物曾有生动的例证，比如西安何家村窖藏（齐东方《花舞大唐春》一书中有精彩的记述）等。

法门寺地宫中出土的 13 件秘色瓷（若加上物帐碑上未记的净瓶则是 14 件），多为素面青釉瓷器，只有 2 件为样式、纹饰相同的鎏金银棱平脱雀鸟团花纹瓷碗。它们将唐代臻于鼎盛的金银器加工工艺与进奉皇室的极品秘色瓷器结合在一起，极为少见，堪称锦上添花，绝世尤物。

2 件银釦秘色瓷碗尺寸相同，口径 23.7 厘米，腹深 7.1 厘米，通高 8.2 厘米，现藏陕西省考古研究院。形制为侈口圈足，五曲斜腹。内为青黄釉，釉质滋润，开片细碎。外壁为糙面，碗胎半干时在外壁切削出阶梯状的同心圆圈便用髹漆。每曲平脱雀鸟团花一朵，纹饰鎏金。器口及器底均包银棱。

图 3-11　唐银棱平脱秘瓷碗（法门寺博物馆藏）

其中一件碗口沿为五瓣葵口，碗身斜腹，高圈足。碗内壁施青黄釉，釉质滋润，开片细碎。碗外壁髹深蓝色漆，并有平脱雀鸟团花五朵，纹饰鎏金。两碗口、底沿均包有银棱。碗外壁的雀鸟团花纹饰纤细繁缛，刻划精细入微，外观雍容华美，富丽堂皇。其中，每朵团花上的雀鸟比翼双飞，富于自然情趣。

其图案设计大气饱满，寓意祥和，工艺酷似今天的窗花剪纸技艺。虽是平面设计，却在碗壁的曲线映衬下巧妙而富于变化，显得动感十足，有呼之欲出的立体效果。

人们可能会好奇：用金银来装饰瓷器的工艺是如何做到的呢？

它的工艺流程是这样的：首先，按照设计要求镂刻出雀鸟团花纹银箔纹样并鎏金，再将此纹样粘贴在秘色瓷碗的外壁，用髹漆盖住纹样。最后，用研磨推光的技法对秘色瓷碗外壁进行加工，直到雀鸟团花纹显露并与碗壁黑漆厚度平齐融为一体，这种技法就叫“金银平脱”。

唐人段成式《酉阳杂俎》记载，在唐玄宗和杨贵妃赐给安禄山的礼品中，就有金平脱犀头匙箸、金银平脱隔馄饨盘、金平脱碟子、金平脱妆具玉盒及金平脱铁面碗等种类，都是用这种“金银平脱”工艺加工出来的精品。

史乘又载，五代前蜀王王建报送后梁太祖朱全忠的信物中有“金棱碗”这种宝物。王建在信中说：“金棱含宝碗之光，秘色抱青瓷之响。”这就证明金银平脱在唐代极为盛行，并且在五代已有用金银装饰秘色瓷的工艺了。

日本正仓院收藏有我国唐代的金银平脱铜镜、木琴、皮箱等文物精品，但没有金银平脱瓷器。所以这两件出土的鎏金银棱平脱雀鸟团花纹秘色瓷碗就显得弥足珍贵了。它们独具匠心，完美地将“金银平脱”装饰在如冰似玉的秘色瓷上，是陶瓷史上一次重大的装饰工艺创新，在我国乃至世界考古发掘中尚属首次发现。

地宫出土的秘色瓷盘共3件，形制大小都差不多，都是五瓣葵口，凹底，通体施青釉，素面。只是在凹底上略有差异。

其中一件大凹底，口径24厘米，凹底径11.4厘米，腹深4.8厘米，高6.2厘米，重855克，今藏中国国家博物馆。凹底四周有斜行排列的糯米状支烧钉痕24枚，盘外壁有身着宽袍大袖的唐代仕女图案，惜面部漫漶不清。

另一件为小凹底，口径24厘米，凹底径8.2厘米，腹深5.6厘米，高7.2厘米，重925克，今藏法门寺博物馆。凹底四周有斜行排列的糯米状支烧钉痕11枚。

还有一件为浅凹底。口径25厘米，凹底径14.4厘米，腹深3.2厘米，高4.2厘米，重695克，今藏陕西历史博物馆。宽足底有两周支烧钉痕，内圈12枚，外圈14枚，呈糯米状。在所有秘色盘、碗中，支烧工艺最特殊。

地宫出土的秘色瓷碟共3件，物帐碑中刻为“叠子”。形制、大小略有差异。一件为五瓣葵口凹底斜腹碟，口径25.3厘米，底径14.5厘米，高4厘米。今藏法门寺博物馆。

瓷碟侈口平折沿，呈葵口形，五个三角形曲口下有内凸外凹线，使口沿和碟身自然形成五瓣。器身斜腹中间微外折，器底为凹底并有支烧痕迹。碟内身通体施有绿色釉，外壁留有丝绸包裹痕迹。釉面光滑明快，釉层均匀，釉质莹润，给人以高雅柔和、素洁明快的感觉。最令人惊叹的是，在光线照射下，碟内明澈清亮、玲珑剔透，真像盛着一泓清水，令人叹为观止！

另两件秘色瓷碟则为五瓣葵口凹底深腹，口径在20.6—21厘米间，高均为4.8厘米。分别收藏于法门寺博物馆和陕西历史博物馆。五瓣外侈葵口，圆方唇，腹壁斜收向下，内底平坦，外底微凹。通体施青釉，素面。凹底四周有双层糯米状支烧钉痕整齐排列，其中还有环形支垫痕迹。

此外，还有瓷八棱净瓶一件，口径 2.2 厘米，足径 8 厘米，最大腹径 11 厘米，高 21.5 厘米，现藏法门寺博物馆（见图 3–12）。瓶颈细长，直口，圆唇，肩部圆隆，腹呈八瓣瓜棱形，圈足稍外侈。瓶颈与瓶身相接处装饰有八角凸棱纹三周，呈阶梯状。通体施明亮青釉，有开片，足底露胎，胎色浅灰而精致细密。发掘时，瓶口覆有一颗大宝珠，瓶内装有 29 颗五色宝珠。

奇怪的是，这件瓷净瓶并没有记载在物帐碑中。后经瓷器专家鉴定，瓷净瓶的釉色、胎质与前述 13 件秘色瓷完全相同，故而也应该算在秘色瓷的行列之中。

净瓶是佛教道具，梵文叫军持，为僧人随身携带之物，在瓶中储水，用来沐手。净瓶中最出名的要数观世音菩萨手里拿的净瓶，净瓶中盛满甘露，瓶中插有柳枝，象征着观世音以大慈大悲的甘露遍洒人间。

法门寺地宫出土的这件青瓷八棱净瓶端庄规整，具有宗教特质的神秘之感，但令人奇怪的是这么精致的瓷质净瓶在地宫物帐碑中竟然没有记载。后经考古专家鉴定，净瓶的胎质、釉色与地宫中那公认的 13 件秘色瓷完全相同，理应属于秘色瓷行列。只是不知为何当时入地宫时物帐碑上没有记载，成了“瓷秘色”帐上“遗漏之物”。

净瓶是盛水之器，那滋润的釉色，配上八棱的外观折射效果，其实也有“无中生水”之效！其色淡青明澈，远看如春水朵朵，近观则见釉色润泽、胎体致密，在灯光聚焦下，竟似有细小涟漪在瓷器表面微涌。

法门寺地宫这批秘色瓷器的出土，意义重大，足以写进中国考古史。

图 3-12　唐八棱净水瓶（法门寺博物馆藏）

首先，它解开了困扰陶瓷界千年的“秘色瓷”之谜，让人们一睹文献记载中的秘色瓷真容，对秘色瓷的研究也从之前纯粹的文献猜想得以进入实物与文献相互印证的全新阶段，诸多关于秘色瓷的谜题也逐渐被破解。

其次，地宫中秘色瓷器的出土，也为秘色瓷的鉴别提供了最早的标准器。有了这个标准器，很多以前考古发现的近似秘色瓷的越窑瓷器，“身份”也因之得以确认。

迟到的“册封”

事实上，早在1987年法门寺地宫赫然发现13件明确注云“瓷秘色”的唐代秘色瓷器之前，考古人员其实已经发掘过不少“疑似”秘色瓷的唐五代瓷器精品。无论从瓷器的精美程度，还是从烧造的先进工艺等方面看，几乎可以认定它们就是真正的“秘色瓷”，但是因为没有明确对应的文字佐证，考古人员终究还是不敢贸然下结论。

法门寺地宫秘色瓷的出土，为判别这些秘色瓷提供了绝好的“标准器”，不少唐五代秘色瓷精品因而也从此明确了“身份”，终于等来了迟到的“册封”。

让我们把时光推回到1957年。那一年，苏州市文物部门要对位于虎丘山上的云岩寺塔进行维修，不承想却有了一个惊世的考古发现。

这年3月30日，一个叫王菊的工人正一丝不苟地往云岩寺塔第二层的裂缝处填水泥浆，但奇怪的是里面似乎是个无底洞，怎么都填不满。

他好奇地扒开周围的砖石往里看，这才发现眼前的裂缝不是缝，竟是一条秘密的通道。他壮着胆走进去一看，连自己都没想到，里面竟然藏着一个藏宝阁！

至此，藏在虎丘塔里的千年秘密才为世人知晓：在塔的第三层，有一个昏暗的洞窟，里面藏着不少宝贝，有石函、残钱囊、陆七娘铜镜、十二生肖镜、九角铜杯、铜坐佛像、铜十一面观音像、六角铜座、铁铸佛龛、三佛铜造像、檀香木雕三连佛龛等，还有一件令世人瞩目的珍品——越窑青瓷莲花碗（见图 3-13）。

这件青瓷莲花碗通高 13.5 厘米，口径 13.8 厘米，由碗和盏托两部分组成。通体施青釉，釉层丰厚，光洁如玉，清澈碧绿。整器望去若一朵盛开的莲花，构思巧极。

这是一件越窑青瓷中的代表作，称得上精美绝伦、出类拔萃，如今已成苏州博物馆三件国宝之一。

图 3-13　唐越窑青瓷莲花碗（苏州博物馆藏）

1995年，上海召开“国际秘色瓷学术研讨会”，全国各地“秘色瓷”云集上海，苏州博物馆的这件出土于虎丘云岩寺塔的青瓷莲花碗被与会专家一致认为是五代越窑青瓷精品中的代表作，称得上是“秘色瓷”中的稀有作品。

事实上，早在20世纪70年代，在考古发掘中就有惊人的发现。1975年6月，宁波市考古人员发掘和义路唐码头遗址，结果在一座唐“大中二年”纪年墓中，出土了一件国内罕见的越窑青瓷荷叶盏托（见图3-14）。

青瓷荷叶盏托由茶盏和盏托两件器物组合而成。茶盏高6.5厘米，口径9厘米，造型犹如一朵盛开的莲花，口沿作五瓣花口弧形（外壁压出五条内凹的棱线）。盏托高3.4厘米，口径15厘米，做成一张荷叶状，薄薄的边缘分四等分向上翻卷，望去犹如一张荷叶托着一朵怒放的荷花，甚为生动。整组器物釉色青翠莹润如玉，胎釉结合紧密，造型构思巧妙，令人拍案叫绝。

图3-14　唐青瓷荷叶盏托（宁波博物馆藏）

如今珍藏于宁波博物馆的这件越窑青瓷荷叶盏托已被定为国家一级文物。

除了这件青瓷上品，和义路唐码头遗址还出土了越窑青瓷瓜棱执壶、越窑青瓷划花花口盏等一批高质量产品。著名古陶瓷学者冯先铭亲临现场观摩后曾指出："宁波和义路唐代遗址出土的越窑青瓷，数量之多，质量之精，品种之丰富，是我国解放后陶瓷考古史上所不多见的。"

当年曾主持和义路唐码头遗址考古发掘的宁波考古专家林士民也留下了"这次出土的越州窑青瓷，坯泥淘炼精细，质地坚密，釉色莹润，确有'千峰翠色'之感"的评价。

从以上两个案例可以看出，当年出土这些越窑青瓷精品时，考古专家们虽然没有明言这就是秘色瓷，但在他们心目中，或许存在这样的判断：如果真有所谓"秘色瓷"的话，那它应该就是长这样的吧。

确实，在当时人们所能了解、看到的越窑器物中，苏州虎丘云岩寺塔天宫出土的青瓷莲花碗、宁波和义路唐码头遗址出土的青瓷荷叶盏托这几件精品之作，的确属于上上乘，能够印证他们对于"秘色瓷"的判断。不过，这些考古学者们还是比较谨慎，并没有贸然给它们贴上"秘色瓷"的标签。

再接着，就是1980年临安明堂山钱镠生母水丘氏墓的发掘了。

1980年7月，位于杭州城西的临安县城西墅街明堂山窑厂工人在取土制砖时，发现一座古墓。这座古墓与两年前发掘的五代吴越国第一代国王钱镠的父亲钱宽墓并列，仅相隔6米，并且埋于同一个封土堆下。这一独特的遗存现象迅速引起了文物部门的重视，于是考古人员对其进行了抢救性的考古发掘。

随着墓志的出土，墓主人的身份也得以确认，她正是钱宽之妻、吴越国首王钱镠（时任镇海镇东军节度使）之母水丘氏。水丘氏卒于唐天复元年（901），信奉佛道，一生崇善，这或许也解释了墓中出土她身前所用之物多以莲荷和如意云纹装饰的缘由。

在这次发掘中，出土随葬金、银、铜、瓷、玉等器物 100 余件，其中越窑青瓷器 25 件。在出土的越窑青瓷器中，有三件器形特别硕大的珍品，即秘色瓷褐彩云纹熏炉（见图 3–16）、秘色瓷褐彩云纹盖罂（见图 3–17）和秘色瓷褐彩云纹油灯（见图 3–18），格外引人注目。

这三件器物如今都已被定为国宝级文物，珍藏于临安区吴越文化博物馆。其中秘色瓷褐彩云纹熏炉更是国家文物局颁布的全国第三批禁止出国出境的国宝之一。

这三件国宝连同墓中出土的唐代银盖罐一起，于 2023 年 5 月入选浙江全省博物馆“百大镇馆之宝”名单。

图 3–15　钱宽水丘氏墓外景（临安区吴越国王陵管理所供图）

史载钱氏有国日，善事中国，以越窑青瓷精品秘色瓷作为称臣效忠的贡品进贡中原王朝，那作为吴越国第一代国王的钱镠在自己生母去世后，会不会以最好的秘色瓷作为随葬品埋入墓中呢?

答案自然是肯定的。甚至有可能，这三件器形特别硕大的秘色瓷精品还是钱镠特意为他的母亲量身“定制”的。尤其是那件秘色瓷褐彩云纹熏炉，高达 66 厘米，在同时期的青瓷器中极为罕见。熏炉由盖、炉、座三部分组成，通体施青釉，釉面晶莹，并用褐彩绘八组云纹。此器与 1987 年法门寺地宫出土的唐宫廷所赐银制五足熏炉相似，炉有五兽形足，立于座沿上，盖顶呈花瓣形，上镂朵花及云形孔。此熏炉集彩绘与镂雕于一体，造型别致，庄重典雅。

秘色瓷褐彩云纹盖罂也极其精致，器高与同墓出土的云纹熏炉相仿，通高达 66.5 厘米。器形雍容饱满，盖钮制成荷花蕾状，通体施青釉（但可能因器形过大，在窑炉中烧造时还原气氛不够，釉色偏青黄），器身釉下绘褐彩如意云纹。

秘色瓷褐彩云纹油灯也是罕见的精品。高 24.4 厘米，通体施釉，呈青黄色，有冰裂纹。釉下彩绘褐彩如意云纹。出土时，器内盛满凝固的油脂。这种在墓内随葬的油灯，被民间俗称为“长明灯”。1955 年考古人员发掘明十三陵中的定陵，在地宫中也发现这种瓷质“长明灯”。

图 3-16　唐秘色瓷褐彩云纹熏炉（临安区吴越文化博物馆藏并供图）

图 3-17　唐秘色瓷褐彩云纹盖罂（临安区吴越文化博物馆藏并供图）

图 3-18　唐秘色瓷褐彩云纹油灯（临安区吴越文化博物馆藏并供图）

叁

秘瓷之源——秘色瓷的源头探寻

考古界向有这样的说法："一部陶瓷史，半部在浙江。"

的确，从考古发现来看，最早的成熟青瓷于东汉末年在浙江上虞小仙坛烧造成功，之后绵延千年，盛烧不绝，并产生了越窑、婺州窑、瓯窑、德清窑、南宋官窑、龙泉窑等著名窑系，窑址遍及全省各地，浙江也因此赢得了"瓷器之乡"的美誉。

因而说起瓷器，人们多半会说到浙江；而说起浙江，慈溪上林湖又是不可不提的。作为晚唐、五代乃至北宋初期全国的窑业中心，在慈溪上林湖、白洋湖、里杜湖、古银淀湖等地分布着近 200 处窑址，它们犹如璀璨的明珠，镶嵌在慈溪的青山绿水之间。

自唐代即已出现、到五代吴越国时贵为中原皇室贡品的顶级青瓷秘色瓷，它的产地究竟在哪里呢？考古发掘提供了答案。浙江省考古工作者历经多年艰辛的寻找，终于在慈溪上林湖窑区的后司岙窑址找到了秘色瓷的烧造地，这里就是秘色瓷之源！

上林湖畔

浙江的越窑在唐代就被列为青瓷名窑之首。唐代茶圣陆羽著《茶经》，对唐代各大青瓷名窑进行了评述，对越窑青瓷赞颂不已。

《茶经·四之器》云：

碗，越州上，鼎州次，婺州次，岳州次，寿州、洪州次。或者以邢州处越州上，殊为不然。若邢瓷类银，越瓷类玉，邢不如越一也；若邢瓷类雪，则越瓷类冰，邢不如越二也；邢瓷白而茶色丹，越瓷青而茶色绿，邢不如越三也。

由此可见，因越窑青瓷具有“类玉”“类冰”的质感，故在当时备受世人喜爱而被列为诸窑之魁。晚唐时，文人墨客纷纷用诗文对越窑青瓷大加赞誉，越窑青瓷中的精品还获得了“秘色瓷”的美誉。尤其是诗人陆龟蒙那首《秘色越器》诗一出，“夺得千峰翠色来”一句

图 4-1　上林湖窑址全景

广为传诵，更是为越窑青瓷赢得了“千峰翠色”之誉。

从现有资料看，“越窑”之名最早出现在晚唐，陆龟蒙《秘色越器》诗题中的“越器”，即指越窑所产青瓷器。那么，越窑的主产地在哪儿呢？

20世纪30年代，古陶瓷学者陈万里先生曾多次来浙江考察，据他自述曾“八去龙泉，七访绍兴”。他经过实地踏勘，确认今浙江慈溪市上林湖一带为唐五代越窑青瓷窑址群落区，换言之，唐五代时越窑青瓷的主产地就在这里。

上林湖一带，在唐时属明州慈溪县。在慈溪上林湖一带出土的唐代越窑青瓷墓志罐上，常有“明州慈溪县上林乡”的铭文可证。而从此地出土的龙德二年（922）越窑青瓷墓志罐的铭文可知，五代时上林乡为越州余姚县所辖，即上林湖在五代已划入越州余姚县。1979年，上林湖复归慈溪。

从上林湖之地在唐五代时的行政区划归属变迁，可以得出一个结论：所谓越窑之“越”，也就是陆龟蒙笔下的“越”，恐怕并不是如许多人所想的是古代越州的简称，而应该是一个与古越族居住地和越国相联系的概念。

陈万里先生在对浙江越窑遗址作系统考察之后，对于越窑的分布范围，作出了如下的判断：

> 此外除了我们把萧山、绍兴、余姚等地所烧造的称为越器以外，与越器先后同一时代而在浙西的地区里，还有其他烧造青釉的古代窑地，如我所发现的湖州钱山漾的摇铃山窑，以及德清窑、富阳窑等处属于越器的青釉系统。①

① 陈万里：《再谈越器》，《文物参考资料》1954年第5期。

陈万里是用文献与实物相结合的方法来论述越窑的第一人。事实上，他的这一判断也得到了从20世纪70年代末至80年代初浙江省考古工作者对浙东浙北地区古窑址进行全面调查之后结论的印证：在唐五代时期，越窑的分布地域是相当广阔的，但其中心产地则在慈溪上林湖一带。

如今当你来到慈溪上林湖边，信步徐行，目之所及，地上满是瓷片窑具堆积，宛如一个原始的青瓷博物馆。

你或许会感到奇怪：为什么上林湖这一带会成为青瓷烧造的中心，这里有着怎样的神奇之处？

慈溪地处东海之滨，杭州湾南岸，地势南高北低，从南到北地貌

图4-2　上林湖畔的瓷片堆积

呈现出山地丘陵、平原、滩涂三级台阶状，依山傍水，水土宜陶。上林湖则处在群山怀抱之中，湖岸逶迤，曲折多姿，岸线长达 20 千米。湖四周山势峻峭，植被繁茂。湖南面有栲栳山，又名仙居山，相传曾有仙人居住。山中极其幽静，小径蜿蜒，溪流潺潺，鸟声啁啾。赶上丰水时节，山间瀑布飞泻，如白练行空。

当然，上林湖会成为唐五代时期越窑烧造的中心，窑址遍布湖畔，并不只是因为这里风光秀丽独特，而肯定还有其他特殊的原因。这个原因，说起来也与环境有关，那就是这里自然资源丰富。

上林湖四周蕴藏着大量制瓷必需的原料——瓷石矿，加之山势险峻，草木茂盛，为烧窑制瓷提供了取之不尽的充足燃料。都说陶瓷是“土与火的艺术”，有了瓷土和燃料，何愁这里烧不出精美的瓷器？当然，还有一个重要的因素：湖上水运便捷。

这里的湖泊通过河流连通浙东古运河和姚江，向东可达古代的明州港即今日宁波港，向西可通曹娥江、京杭大运河，水运条件十分便利。这些便利为上林湖的窑场形成并长期烧造瓷器、外输瓷器提供了必要的条件。

上述的有利条件，还只是慈溪上林湖成为越窑青瓷的烧造中心的“地利”因素。除了“地利”，还须得有“天时”。有一种观点认为，上林湖越窑之所以能在唐代异军突起，除了它本身的产品质量精湛之外，可能还与唐末的国势变化有关。

唐玄宗天宝十四载（755），唐朝将领安禄山与史思明背叛朝廷，发动战争，这一内乱前后历时 8 年，使得唐朝人口大量丧失，国力锐减。因发起此次反唐叛乱的指挥官以安禄山与史思明二人为主，史称“安史之乱”。安史之乱也成为唐朝由盛转衰的转折点。

安史之乱后，中原与西域的交往被阻隔，相对安宁的南方反而成

图 4-3　唐越窑青瓷玉璧底碗

了世人向往的地方。在盛唐时期万邦来华，各种西域的艺术对唐代物质文化产生了深远影响，带有浓郁异域风格、雍容华美的金银器盛极一时即是明证。但随着众多达官贵人、文人墨客更多地踏足江南，江南水乡旖旎的景致、带有鲜明乡土特色的风物瞬间打动了他们的心扉：翻开《全唐诗》来看，吟咏江南风光与风物的诗篇比比皆是。

其中，釉色青翠欲滴、造型美轮美奂、装饰天然自在的越窑青瓷器，如同夏日亭亭出水的清荷，以其清雅动人的独特魅力，迎合了世人欲远离沉酣迷乱、向往平静祥泰的心理需求。

由陆羽《茶经》介绍施薄釉的越窑青瓷“碗，越州上”，因其“类玉”“类冰”而将越窑青瓷列为天下瓷器第一等，加之大唐中后期的审美取向的改变，使越瓷一跃到达时代的浪尖。“九秋风露越窑开，夺得千峰翠色来”，更是将越窑如凉露侵衣之青列为青瓷的定色标准。

这一时期，越窑青瓷多被唐人当成时代的奇珍异宝并称：“簏重藏吴画，茶新换越瓯”，“遗我绿玉杯，兼之紫琼琴”，“蜀纸麝煤沾笔兴，越瓯犀液发茶香”……在那个“诗酒趁年华”的时代，茶亦大行其道，屡屡入诗。越窑青瓷器以其晶莹的釉色与精细的纹饰，隐隐唱和着士人清雅如玉的追求，彰显着主人不凡的品位。

南青北白

唐代茶圣陆羽在《茶经》中曾将南方越瓷与北方邢瓷作了对比，认为邢瓷“类银”“类雪”，越瓷“类玉”“类冰”，“邢瓷白而茶色丹，越瓷青而茶色绿”，故而得出了“邢不如越”的结论。有人认为这是陆羽从饮茶的角度来褒贬瓷器，只能算作饮茶者的一家之言。

事实上，就整个唐朝瓷器烧造业而言，青瓷的确应属主流产品，除了越窑之外，在《茶经》中提及的其他几个主要窑口，如鼎州窑、婺州窑、岳州窑、寿州窑、洪州窑等，烧造的产品也主要是青瓷，这也反映了唐宋之前“古瓷尚青”的一种审美倾向。

在上述青瓷名窑中，除了鼎州窑尚待查证外，其他几个窑均已被发现。婺州窑的窑址广布于浙江金华、衢州一带（今浙江金衢盆地一带，古属婺州），岳州窑的窑址主要分布在湖南湘阴，寿州窑位于安徽淮南高塘湖一带，洪州窑的窑址分布于江西丰城一带。

虽说唐代青瓷盛行一时，但在北方黄河流域又盛产白瓷，产品质量同样很高，因而在学术界也有这样一种观点：在中国陶瓷史上，唐朝瓷器的概况可用“南青北白”一言以蔽之，并以此引领了后世中国瓷器的基本风貌。

“南青”自不必言，指的是南方以浙江越窑为代表的青瓷，其中又以慈溪上林湖窑区的产品最具代表性，有“诸窑之冠”美誉。“北白”，则指的是河北的邢窑白瓷。

从生产工艺上看，青瓷釉中的主要呈色剂为氧化铁，当这种金属氧化物在釉中的含量下降到1%以下时，就能烧成白瓷。这项技术为北方的制瓷工匠率先采用，从北朝晚期少量白瓷烧造成功后，经隋代的发展完善，到唐代时，白瓷成了北方制瓷业的大宗产品。

邢窑堪称唐代北方白瓷的代表，现存遗址位于河北省邢台市辖内丘、临城两县境内的太行山东麓丘陵和平原地带。据考证，邢窑始烧于北朝，唐时为制瓷业七大名窑之一，也是我国北方最早烧制白瓷的窑场。

邢窑开创的独特制瓷工艺和先进的烧造技术，同样是我国陶瓷史上的重要里程碑。其器造型规整，釉质莹薄，诗家为之倾倒。唐人元稹曾有一首长诗《饮致用神曲酒三十韵》，中有“雕镌荆玉盏，烘透内丘瓶。试滴盘心露，疑添案上萤”等句，咏赞内丘所产的邢窑白瓷器。唐代李肇在《唐国史补》里写道：“内丘白瓷瓯、端溪紫石砚，天下无贵贱通用之。”邢窑也因之被公认为中国白瓷的鼻祖。

无论“南青”或是“北白”，在唐五代时都风靡一时。位于浙江临安明堂山的吴越国首王钱镠生母水丘氏墓中，除了出土以秘色瓷褐彩云纹熏炉等秘色瓷精品外，让人感到意外的是也同时出土了出自北方邢窑

图 4-4　唐越窑青瓷龙柄鸡首壶

的白瓷精品，白釉镶金瓷盏托即为其一。

白釉镶金瓷盏托杯身一侧有如意形压手和圆环形柄，柄上浮雕一面为龙一面为凤，寓意龙凤呈祥。杯托之盘口、托沿、圈足上均包镶金银釦，底刻“新官”款。白瓷釉色滋润，有半透明感。它与秘色青瓷同时出土，一青一白，相映成趣。这一事实也表明，唐代青瓷风靡天下，也唯有邢窑白瓷可与之抗衡。

据史载，晚唐时代，击瓯作乐流行，用一些越瓯、邢瓯注以多寡不同的水，击以成乐，据说声音极其美妙。唐代大诗人温庭筠还专门写过一首《郭处士击瓯歌》以记此事：

信粟金虬石潭古，勺陂潋滟幽修语。
湘君宝马上神云，碎佩丛铃满烟雨。
吾闻三十六宫花离离，软风吹春星斗稀。
玉晨冷磬破昏梦，天露未干香着衣。
兰钗委坠垂云发，小响丁当逐回雪。
晴碧烟滋重叠山，罗屏半掩桃花月。
太平天子驻云车，龙炉勃郁双蟠拿。
宫中近臣抱扇立，侍女低鬟落翠花。
乱珠触续正跳荡，倾头不觉金乌斜。
我亦为君长叹息，缄情远寄愁无色。
莫沾香梦绿杨丝，千里春风正无力。

据《温飞卿诗集》补注，郭处士即郭道源，时任太常寺乐官。在唐宣宗大中年间，郭以善击瓯而名，曾以邢窑、越窑瓯十二只，旋加减水其中，以箸击之，奏出美妙之音。这件风雅之事也被记录在段安节的《乐府杂录》中。

1000 多年前的这件宫廷乐事，我们无缘得见，但 1000 多年后，由上林湖窑场所在地的慈溪市博物馆与邢窑所在地之一的河北省临城县文管所联袂推出的一个别具创意的“南青北白——越窑与邢窑瓷特展”，则让“南青北白”在跨越千年之后再次相聚，给了古陶瓷爱好者一次大饱眼福的视觉盛宴。

“南青北白——越窑与邢窑瓷特展”基本按照时代顺序，将越瓷和邢瓷穿插排列，有对比，有呼应，尽量避免生硬地将两件窑口的产品割裂开来，从而有效地激发了观众的兴趣。

将越窑青瓷与邢窑白瓷同步展出，观众即可直观地赏析两者鲜明不同的审美风格：越瓷胎骨较薄，胎体细腻致密，造型规整，施釉均匀，一色青翠莹润；而邢瓷的特点则是胎质厚而细腻，瓷质坚硬，器内满釉，器表光素大方，不施纹饰。

另外值得一提的是，作为“南青北白”的代表，越窑和邢窑都曾

图 4-5　北宋越窑青瓷牡丹纹罐

烧造过贡瓷，其贡瓷活动都有明确的文献记载和可靠的实物例证。

越州贡瓷的相关记载如：

《新唐书·地理志》：

越州会稽郡，中都督府。土贡：宝花、花纹等罗，白编、交梭、十样花纹等绫，轻容、生縠、花纱、吴绢，丹沙，石蜜，橘，葛粉，瓷器，纸，笔。

徐夤《贡余秘色茶盏》诗：

捩翠融青瑞色新，陶成先得贡吾君。

唐光启三年（887）《凌倜墓志》：

终于明州慈溪县上林乡石仁里石贵保……殡于当保贡窑之北山。

邢州贡瓷的相关记载如：

《唐六典·尚书户部》：

四曰河北道……厥贡：罗、绫、平绸、丝布、绵绸、凤翮、苇席、墨……邢州瓷器。

《新唐书·地理志》：

邢州钜鹿郡，上。本襄国郡，天宝元年更名。土贡：丝布、磁器、刀、文石。

唐大中三年（849）《赵希玩妻刘氏墓志》：

季子公素，食粮进贡瓷窑院。

由此可见，越窑和邢窑烧造贡瓷的历史不容置疑，甚至邢瓷进贡的时间还要早于越瓷。

越窑的鼎盛

唐代的藩镇割据，为中国统一政局的破裂埋下了祸根。唐天祐四年（907），朱温逼迫哀帝李柷禅位，唐王朝就此灭亡，中国从此又一次进入分裂的时期，史称五代十国。

“五代十国”这一称谓出自《新五代史》，是对五代（907—960）与十国（902—979）的合称。这是继魏晋南北朝之后，中国历史上又一个大分裂时期。

唐天祐四年（907），朱温代唐建立后梁，定都汴（今河南开封），占有中国北方大部地区，标志着五代十国开始。此后相继出现后唐、后晋、后汉和后周四个朝代，这五个定都于中原地区的政权，被合称为“五代”。后周显德七年（960），后周殿前都点检、归德军节度使赵匡胤，与禁军高级将领石守信、王审琦等掌握了军权，发动陈桥兵变，赵匡胤黄袍加身，接受后周恭帝“禅让”，建立北宋，五代结束。

在唐末、五代及宋初，中原地区之外还存在过杨吴、桀燕等许多割据政权，其中前蜀、后蜀、杨吴、南唐、吴越、闽国、南楚、南汉、荆南（南平）、北汉等十个割据政权被《新五代史》及后世史学家统称为“十国”。

图 4-6　唐越窑青瓷龙纹罂（临安区吴越文化博物馆藏并供图）

北宋建立后，先后统一了南方尚存的各割据政权，至宋太宗太平兴国四年（979）北汉灭亡，十国宣告结束。

五代十国时期，由于中原王朝不断更迭，政治形势极不稳定，北方社会生产基本陷于停滞，对人民生活和社会经济造成了恶劣的影响。相对而言，南方政局相对稳定，社会生产不同程度地有所发展，尤以长江下游的杨吴、南唐以及吴越比较显著。

偏安于东南一隅的吴越国，为了维持其偏安政权，一方面对中原皇室极尽忠顺，另一方面努力发展经济以增强国力。唐时已闻名天下的越窑青瓷生产，到了五代则进入了它发展的全盛期，进而成为吴越国的重要产业。

最明显的表现，是五代时越窑的窑场成倍增加。当时窑场最为密集的地方，首先是慈溪上林湖，其次是上虞曹娥江中游地区。同时，余姚、绍兴、萧山、诸暨、鄞县、镇海、奉化、临海、黄岩等地也都先后建立了烧制青瓷的窑场。

钱镠割据东南后，江南的富足及钱氏家族对文化的敬重，使越窑在唐末至五代时期迎来了发展的顶峰，其烧造的秘色瓷不仅代表了传统薄釉青瓷的最高发展水平，而且让秘色瓷成为唐以后历代高档青瓷的代名词。

这个全新青瓷品类中刻划花纹不再，胎体有棱有筋，以造型简洁为美，施薄釉，胎薄，质极细腻，凸显釉色之纯。徐夤当年用“轻旋薄冰盛绿云”来形容秘色瓷，极为贴切。以形体还原泥土的本来面目，用线条展现天然的理意筋骨，秘色瓷予人和风拂面、沁人心脾的细致妥帖之感，让人进入心思澄明、清爽入骨的沉静之境。

由于越窑青瓷具有优雅的造型和宛如碧玉的釉色，所以从晚唐开始就已扮演宫廷用瓷的角色。当时向朝廷进献瓷器的形式为土贡，《新唐书》中在提到“越州会稽郡”的“土贡”时，除了各式绫罗纱绢之外，也明确点到了“瓷器”。

作为会稽郡所贡之物，这里的“瓷器”自是慈溪上林湖所产越瓷无疑。在慈溪上林湖附近出土的唐光启三年（887）墓志罐上“贡窑”的铭文，进一步证实了这一客观事实。

五代吴越国统治者为了敬奉中原皇室，保住一隅江山，便频繁地向中原皇室进贡财宝土产，越窑青瓷也随之由土贡变为特贡，进贡的数量不断增加。尤其在北宋立国后，吴越国统治者感到偏安的局面已岌岌可危，“始倾其国以事贡献”。据记载，仅在北宋立国至吴越国灭亡的短短的 18 年间，吴越国就向北宋进贡了用金银装饰的瓷器 14 万多件。

五代越窑青瓷生产的空前繁荣，除了进贡的因素外，另一种重要的推动力就是外销。越窑青瓷在唐代就已成批运销海外，到了五代时，输往海外各地的越窑青瓷的数量比唐代大为增加，特别是到了吴越国最后一位国王钱弘俶执政时，越窑青瓷的外销更是盛况空前。

2003 年，在印度尼西亚西爪哇省井里汶附近海域发现了一艘沉船，舱内遗存着 20 多万件越窑青瓷，其中，有一件青瓷碗的外底铭有“戊辰徐记烧”五字（见图 4-10）。根据器物的造型、装饰和工艺特征分析，此“戊辰”为北宋乾德六年（968），这表明船上的 20 多万件越瓷是钱弘俶在位时越窑烧制的。一艘偶然沉没的商船上就载有如此巨量的越瓷，那么，历年销往全国和海外各地的越瓷总量，必定是多得难以估量。

与越窑相比，其他各窑生产的青瓷则要逊色得多，南方的洪州窑等在唐代已显衰退之势，到了五代则销声匿迹了。可以说，到了五代时期，由吴越国控制的越窑青瓷呈现出一枝独秀的局面。

图 4-7　井里汶沉船出水的越窑青瓷

图 4-8　井里汶沉船出水的越窑青瓷划花杯

图 4-9　井里汶沉船出水的越窑青瓷贴花杯

五代吴越国在为保东南一隅平安，善事中原，大规模向中原皇室称臣进贡的同时，另一方面为保境安民，发展经济，又通过海路积极开展外销，多重因素造就了这一时期越窑瓷业的空前繁荣。

这一时期的越窑青瓷胎薄釉润，多饰有刻划花，体现了吴越国制

图 4-10　井里汶沉船出水的越窑“戊辰徐记烧”铭莲瓣碗

瓷业的顶尖水平。

北京辽韩佚墓曾出土一批越窑青瓷，其中注子、承碗、茶托等饰有精美的细线划花纹。韩佚卒于辽统和十三年（995），这时距吴越亡国已有17年，而造型、纹饰及制作工艺表明，这批青瓷是吴越晚期越窑生产的精品。

宋太宗元德李皇后薨于太平兴国二年（977），咸平三年（1000）在永熙陵与宋太宗合葬，随葬的越窑青瓷做工精致，釉色青莹，盘刻划龙纹，套盘饰细线云鹤纹、云纹、绳索纹，碗饰细线云纹，这三件越瓷分明是吴越国王钱弘俶贡入北宋朝廷之物。

辽开泰七年（1018）陈国公主墓出土的四件越窑青瓷盘，饰细线划花双蝶纹和缠枝菊花纹，其中一件盘的外底铭有“官”款，它们均为吴越国晚期越窑的产品。

因吴越国晚期越窑的产量极大，故这一时期的越瓷在各地流传的时间很长，江苏无锡的元代墓葬中出土吴越晚期的越窑青瓷注子，就说明了这一点。

图 4-11　北宋元德李后陵出土的越窑青瓷套盒

越窑的能工巧匠在五代十国这样的乱世中难得地享有相对安宁的生产环境，以其神奇精妙的构思和炉火纯青的技艺，烧制出无数造型别致、装饰靡丽、釉质青润的瓷器，其中的翘楚之作就是被作为贡品的“秘色瓷”。

当这些能工巧匠和文人雅士悄然退出历史舞台时，也随之带走了“秘色”的真实含义，留给后人的只有那不可再造的越瓷精品和聚讼纷纭的“秘色”之谜。直到 1987 年陕西扶风法门寺真身宝塔地宫出土的被地宫物帐碑记为“瓷秘色”的唐代越窑青瓷惊世出现，才为自宋代以来就争论不休的“秘色”之谜撩开了神秘的面纱。

法门寺地宫出土的这十余件秘色瓷精品，古陶瓷专家通过对其器形、釉面、垫烧痕迹等特征的仔细研究，最终确认这批青瓷即来自慈溪上林湖，为法门寺这批秘色瓷找到了“故乡”。

后司岙：发现秘色瓷窑

在中国考古界，有一个始设于1990年的奖项评选，就是每年从全国范围内评选出十大考古新发现。这一评选被戏称为中国考古界的“奥斯卡奖”。

2016年，“浙江慈溪上林湖后司岙唐五代秘色瓷窑址”入选了当年全国十大考古新发现。后司岙窑址的发现，解决了悬疑千年的两大谜案——作为越窑中最高等级的秘色瓷，它究竟是在哪里烧造？又是怎么烧造的？

长期以来，关于秘色瓷的烧造产地，只能锁定在浙江慈溪上林湖区域。但上林湖区域窑址众多，究竟哪一处窑场才是秘色瓷的真正产地呢？

在浙江考古界，向有两大热点，一是以河姆渡、良渚为重点的史前遗址考古，二是以越窑、龙泉窑和南宋官窑为重点的历代瓷窑址考古。

图 4-12　后司岙窑址

多少年来，在专业从事瓷窑址考古的浙江考古人心里，其实一直没放弃寻找秘色瓷窑这个目标。

经历多年栉风沐雨、不辞辛劳的寻找之后，惊喜在2015年突如其来。

这年10月，浙江省文物考古研究所联合慈溪市博物馆等单位对上林湖中部的后司岙窑址进行了考古发掘。

后司岙窑址群位于慈溪市桥头镇上林湖中部的西岸，处于越窑遗址的最核心区域。从附近墓葬出土的墓志罐文字，也可证这一带曾经有贡窑。1971年，在此窑址北边的吴家溪一带，出土了一件唐光启三年（887）墓志罐，其上有“殡于当保贡窑之北山”之句（见图4-13），“当保贡窑”是指当地的贡窑，语气中隐现居民对本地出贡窑的自豪感。由此墓志罐出土地点推测，后司岙窑场就是晚唐越州“贡窑”所在地。

如今，人们在通往慈溪上林湖的路上，但见山上、湖滩、湖底，满目皆是一片青绿。近千年来，昔日窑址遗留的成千上万的瓷器碎片静静地在阳光下映照着青山绿水，泛着经久不衰的青色光芒。

图4-13 “殡于当保贡窑之北山”铭墓志罐

考古人员沿着上林湖湖岸线展开了对秘色瓷窑址的寻找，结果有了意外的收获。

窑址中出土了大量晚唐、五代时期越窑瓷器精

图 4-14　后司岙窑址的瓷质匣钵

品，其中相当一部分器物与法门寺地宫出土的秘色瓷相同，更有一件瓷质匣钵上首次出现了“秘色”字样！

堪称石破天惊！

通过仔细的对比研究，考古人员发现后司岙窑址出土的秘色瓷产品，不仅与法门寺地宫、五代吴越国钱氏家族墓中出土的秘色瓷在器形、胎釉特征上十分接近，而且烧制方法几乎相同。这就意味着后司岙窑址就是秘色瓷的产地之一！

这可以说是继 1987 年陕西省考古人员在法门寺地宫首次发现与物帐碑上记载明确对应的秘色瓷实物，从而撩开了秘色瓷神秘面纱之后，在秘色瓷研究史上又一个全新的突破。

后司岙窑区出土的瓷片和窑具等文物表明，这个窑始烧于唐代晚期，止于北宋，基本与秘色瓷延续年代相始终。从发掘结果看，这里完整展现了秘色瓷最繁荣时代的生产工艺和窑场格局。考古人员在将近 1000 平方米的发掘面积中，先后清理出龙窑炉、房址、贮泥池、釉料缸等丰富的作坊遗迹。

可以看出，窑场以窑炉为中心布局，两条窑炉垂直相交，一条不到 20 米的新窑炉，除窑头部分淹没于上林湖水库外，其余部分保存较好，保留了窑尾排烟室、多个窑门、窑炉两侧有多道挡墙等。

这次发掘的另外一个重大收获，是在窑址中发现了大量瓷质匣钵。匣钵是装烧瓷器的容器，通常都是用粗陶做的（它用来装烧瓷器，因需求量大，为了节约成本，都用粗陶土制作，且可重复使用），但是在后司岙窑址里，居然发现了大量瓷质的匣钵。这样不惜工本地制作和烧造的瓷器，不是秘色瓷这样的高档青瓷产品又会是什么呢?

图 4–15　后司岙窑址出土各种秘色瓷器

考古人员由此受到启发，后司岙窑址不光烧秘色瓷，也烧普通越窑青瓷，所以才会在窑址中同时出现两种窑具，粗陶的匣钵用来烧造普通瓷器，而瓷质匣钵则专门用来烧造秘色瓷。

瓷质匣钵可以说是唐五代窑工发明的制瓷“神器”——用了瓷质匣钵，可以在将待烧造的器物装入匣钵后，用釉液密封，使瓷器在完全密闭的强还原气氛中烧成，以达到真正的青绿色釉的烧造目标。

它的原理在于，窑炉除了温度，在烧造瓷器时还有很多不可控因素，比如还原气氛。密封做得越好，瓷器就可以在强还原气氛中烧成，釉色就会越青翠；反之，如果密封做得不够好，烧造时还原气氛不够，釉色就会发黄。很多人去博物馆参观时，发现展柜中陈列的越窑青瓷，有许多表面釉色看上去是黄黄的，但是也被命名为“青瓷”，其实就是这个原因。

但是如果在烧造时用了瓷质匣钵，情形就完全不一样了。高质量的瓷质匣钵是用瓷器一样的胎土制成，极其细腻坚致。瓷器烧制时被放置于瓷匣钵内，用釉封口，当窑温升高时匣钵内空气膨胀，由封口向外排出气体，温度下降时封釉回缩凝固，阻止空气进入，釉色就还原得很好，所以秘色瓷釉色特别青绿。

一般的粗陶匣钵都可以重复使用，但这种用釉液密封的瓷质匣钵通常是一次性的——因为被釉粘上以后，需要把匣钵打破，才能把里面的器物取出来，这是一件成本很高的奢侈事情。考古人员在后司岙窑址附近发现大量瓷质匣钵碎片，说明当年秘色瓷在这里集中烧制的可能性非常高。

最大的惊喜，则来自一片瓷质匣钵的碎片，上面刻有“罗湖师秘色椀”6个字（见图4-16）。这是首次在窑址中发现“秘色”字样，它给予考古人的震撼，丝毫不逊于若干年前在法门寺地宫物帐碑上看

图 4-16　罗湖师秘色碗残片

到“瓷秘色”那几个字时。

这可以说是不落言筌的广告，以铁一般的事实证明：这里就是当年烧造进奉中原皇室的顶级越窑青瓷——秘色瓷的产地！

有人或许感到疑惑：难道不应该是“碗”字吗，怎么写成了“椀”？不奇怪，在唐代时，“碗”字的写法有多种，有木字旁的“椀”（法门寺地宫物帐碑上也是写作“椀”），还有土字旁的“埦”（考古出土的一件唐代长沙窑瓷碗碗心，就用褐彩书有“茶埦”二字）。

这件瓷质匣钵碎片上的刻字中，“罗湖师”三字也让人颇感兴趣。它代表了什么意思？

考古人员猜测，这可能是工匠的名字与“职称”的结合。“罗湖师秘色椀”这 6 个字刻在瓷质匣钵上，既证实了瓷质匣钵是专烧秘色瓷的窑具，同时也说明晚唐时“秘色”这一称谓其实并不神秘，它不仅存在于文士贵族的书面用语中，连普通窑工也知晓这一概念。

后司岙窑址的堆积甚厚，达到5米多，出土物丰富，从时代来看，大多属于晚唐至五代时期。在这些瓷片中，可以看出其中秘色瓷比例很高，而且种类丰富，质量精湛。

经过考古人员的仔细鉴别，当时秘色瓷产品的种类以碗、盘、盆、钵、瓶、盏、盏托、盒等为主，也有执壶、罐、渣斗、碟、炉、盂、枕、八棱净瓶、扁壶、套盒等。不但器种丰富，而且每一种器物也有多种造型，比如碗有花口高圈足碗、玉璧底碗、玉环底碗、盏等，瓶有八棱净瓶、圆腹净瓶等，盘有花口平底盘、花口高圈足盘等。每一种器类又有不同的口沿和底足，由此幻化出多种造型。

从造型来看，后司岙窑址出土的秘色瓷造型优美柔和，端庄典雅。

在众多的产品中，饮食器具数量最多，尤以碗、盘类为主，另有碟、海棠杯、小钵、盏、盏托、执壶、穿带壶、葫芦瓶等。玉璧底碗是这一时期的典型器物，或微敛口弧腹，造型端庄，或敞口斜直腹，形制简洁。底部挖足规整，制作精良，也是后司岙窑址中生产数量最多的产品之一。

图 4-17　后司岙窑址出土秘色瓷盏

图 4-18　后司岙窑址出土秘色瓷花口盏

另外，受金银器皿的影响，多数碗、盘、盏、盏托等器物口沿，也是花口、菱口或葵口，外腹部与口沿凹缺相对处有一道凹弧，宛如一朵朵盛放的花朵。

生活器皿主要包括钵、盒、熏炉、罐、灯盏、瓷枕、盆、唾壶等。钵有大小之分，较大者常见敛口、鼓腹，大平底微上凹，口沿处可见一周凸棱；小钵则通常为近直口，斜弧腹，小平底。盒身、盒盖以及熏炉均采用套烧的方式，中间用泥点间隔，放置在罐子中进行烧造；盒身和熏炉的形制差别不大，盒盖按盖面的不同，亦可分为平顶、弧顶和宝珠顶等。灯盏均为平底，采用对口合烧。

瓷枕是后司岙窑址中新发现的器形，整体扁平，呈圆角长方形，一侧有孔，底部采用长方形的垫具进行烧造。以上生活用具造型美观端庄，并且兼具实用功能，在生产中均形成了固定的装烧方式，因此

图 4-19　后司岙窑址出土秘色瓷花口盏托

在形制和尺寸上变化不大。

窑址中出土的文房用品，不论在造型上还是数量上，均比较少。仅见砚滴、水盂和砚台。砚滴体量较小，与执壶、凤首壶或提梁壶等形制相似，水盂常见敛口、鼓腹，腹部划四条凹弧作瓜棱状，造型小巧活泼，生动形象。

除了上述几类器物之外，后司岙窑址中最为著名的要数八棱净水瓶了。瓶身以小口、圆唇、长细颈为特征，以腹部突起的八条突棱为造型主体，与瓶颈三道弦纹呼应，大气简洁，端庄典雅。瓶体各部分比例匀称，刚劲有力，给人一种玉立多姿、挺拔秀气的感觉。因其与陕西法门寺地宫中出土的形制相同，由此推测八棱净瓶可能是皇家礼佛的代表性器物。

图 4-20 秘色瓷风字形砚
（临安区吴越文化博物馆藏并供图）

五代时期仍然是越窑的鼎盛时期，器物的胎质、制作工艺仍延续晚唐，胎呈青灰色，质地细腻纯净，完全不见普通瓷胎上的铁锈点等杂质。胎体表面打磨光洁，不见明显的拉坯痕迹。釉呈透明的青色，不再淡黄青绿共存，施釉均匀，釉面莹润肥厚，达到了透明类冰、薄如蝉翼的效果。

这一时期，出现了部分新的器形，如折沿盘、卧足盘等，圈足变窄，高而外撇，壶腹变鼓，颈部伸长等。由于这一时期普遍使用垫圈装烧，支烧的泥点由足端移至器底，因此整体器物造型变得轻薄。

总的来看，晚唐以来的瓷器造型既继承了魏晋南北朝的青瓷特点，又吸取了唐代金银器的风格，尤其这一时期的秘色瓷，较唐代越窑普通器物胎体更薄，器形整体趋于轻盈，均为素面，器形上多出现模仿金银器特征，如盘的花口、壶的瓜棱腹、高外撇圈足等，但纹饰花样较金银器简洁很多，应该是对清淡洁净文化追求的表达，整器以线条流畅与釉色透明取胜。

秘色瓷作为当时最高等级的越窑青瓷，造型在追求宫廷贵族高雅取向的同时，线条简约含蓄，亦不失自然的情趣韵味，将造型艺术与时代背景和人文历史相结合，使其形成了独特的艺术特色。

图 4-21　后司岙窑址出土秘色瓷净瓶

图 4-22　后司岙窑址出土秘色瓷执壶

这一时期以植物花卉为题材的外形设计明显增加，但以动物形状为主的题材相对减少。结合唐代中期以后的制瓷技术，在练泥制胎工艺上取得了巨大的飞跃，精细加工的胎质也为丰富瓷器造型打下了坚实的基础。

以练达的透明薄釉表现胎体的纯净和线条的流畅圆润，整器造型较晚唐更为轻盈，青翠釉色薄笼如烟。人工的作用仿佛只为显现隐藏于泥土的本来细节，从中找寻天然的理意筋骨并加以定型，清谧古雅与大气豪迈相得益彰。

可以说，秘色瓷的出现是越窑进入鼎盛的标志，不仅代表了传统青釉的最高水平，也是制瓷技术上的巨大突破，“秘色”创造了透明青釉无法超越的顶峰，后司岙窑址就代表了这一时期最高制瓷水平，以天青色为特征的秘色不仅是制瓷史上的一大飞跃，同时也成为此后高等级青瓷的代名词，影响到后代包括汝窑、南宋官窑、龙泉窑、高丽青瓷等青瓷名窑的定名标准。

明嘉靖《余姚县志》上有过记载："秘色瓷，初出上林湖，唐宋置官监窑。"这说明到了北宋初年，越窑继续得到了宫廷的重视。南宋周密在《志雅堂杂钞》"诸玩"条中有这样的记载：李公略所藏雷咸百衲琴……两傍题云"大宋兴国七年岁壬午六月望日，殿前承旨监越州瓷窑务赵仁济"。说明赵仁济曾充"殿前承旨监越州瓷窑务"，在越州督办所需越窑瓷器。

《嘉泰会稽志》"寺院"条曾记："（余姚县）普济院……在上林湖山之西麓……陈康肃公为漕，案行窑所，尝来游，有诗云：'山远峰峰碧，林疏叶叶红。凭栏对僧语，如在画图中。'今刻石寺中。"陈康肃公即北宋名臣陈尧咨，康肃乃其谥号，陈康肃公"案行窑所"，也是北宋曾置官监烧越窑的重要依据。

关于监窑官的情况，宋代吕本中《官箴》中也有一段生动的描述："徐丞相择之尝言，前辈尽心职事。仁庙朝，有为京西转运使者，一日见监窑官，问：'日所烧柴凡几灶？'曰：'十八九灶。'曰：'吾所见者十一灶，何也？'窑官愕然。盖转运使者晨起望窑中所出烟几道知之，其尽心如此。"

普济寺遗址迄今仍在，只是已成一片废墟，就在离后司岙窑址不远的山坳里。考古人员推测，当时窑业管理机构有可能就设在寺院里。

宋代寺院经济发达，上林湖还曾有"佰僧"款的瓷质匣钵出土，时代为唐五代时期，与窑址中烧造秘色瓷的匣钵基本一致，寺院或许也曾参与了秘色瓷的烧制。考古人员还计划将来有机会去发掘普济寺

图 4-23　后司岙窑址出土秘色瓷花口盏

遗址，希望能发现一些碑文和文字资料。

慈溪上林湖后司岙秘色瓷窑址的发现和发掘，给了人们莫大的惊喜。2017 年 5 月，故宫博物院联合浙江省文物考古研究所、慈溪市人民政府、河南省文物考古研究院、内蒙古自治区文物考古研究所、法门寺博物馆、浙江省博物馆、临安市文物馆、苏州博物馆等 9 家单位，汇集 187 件（组）文物，在故宫博物院斋宫举办“秘色重光——秘色瓷的考古大发现与再进宫”展览。

既然考古让我们认定了一部分秘色瓷，我们就可以在考古发现中找出一堆秘色瓷。此次展览，就有不同出土地点、不同时期的秘色瓷八棱净瓶的对比。除了法门寺地宫出土的八棱净瓶，还有两件故宫旧藏的八棱净瓶，以及新近从上林湖后司岙窑址发掘出土的八棱净瓶。

法门寺的考古发掘，为秘色瓷判断提供了标准，也暗示着秘色瓷与帝王的特殊关系。随后，在吴越国钱氏家族墓地、北宋宋太宗元德李后陵、北宋周王赵祐墓、辽圣宗贵妃墓等一系列高等级墓葬中出土的高等级越窑青瓷，陆续被认定为秘色瓷。就这样，大批的秘色瓷“复活”了。

2019 年 11 月，一个名为“秘色在人间——越窑秘色瓷特展”的展陈在慈溪市博物馆开幕，那些流落四方的秘色瓷“回家”了。这次展览不仅展出了慈溪市博物馆和上林湖越窑博物馆馆藏的近 60 件精美秘色瓷，还汇聚了故宫、法门寺等全国 7 家文博单位的秘色瓷珍品，其中陕西法门寺博物馆史无前例地一次性出借 5 件地宫出土的秘色瓷，这次展陈堪称“秘色家族”的一次大团圆。

2024 年，随着吴越文化博物馆在临安建成开馆，零散的吴越文化印记汇聚到了一起，使之成为目前全国范围内展示和解读五代吴越国时期文物和文化最丰富、最全面、最系统的窗口。

作为全国首个吴越国国史专题博物馆，自 10 月 11 日对公众开放以来，吴越文化博物馆每天都吸引大批全国各地的观众慕名而来。正在进行中的“吴越千秋——五代十国时期的东南乐土”开馆大展，共展出 350 件（套）文物，其中有 150 件一级文物，大部分是首次亮相。它们系统展示了吴越国的政治、经济、文化面貌以及发展成就，让人充分认识吴越国在五代十国乱世延续中华文明的独特作用，弘扬了钱氏纳土归宋的历史意义和现实意义，让人们得以跨越历史，聆听那个时代的回响。

肆

踵事增华——吴越国的秘色瓷烧造

上林湖不可胜数的瓷片从斑斓的光影中，映射出吴越国的近百年惊涛。秘色瓷创烧成功时适值战乱，此后的两浙在吴越国政权统治下相对安定，经济、文化都达到了前所未有的高度。

秘色瓷的一器难求让越窑也为世人瞩目，越窑是技术输出型窑场，对国内、国外的制瓷业都具有绝对基础性的影响力。不仅浙江省内的德清窑、瓯窑、婺州窑、龙泉窑等窑场对其仿效，省外的洪州窑、耀州窑、汝窑等，甚至国外的高丽青瓷等亦深受其影响。吴越国时期的制瓷业与经济文化繁荣互为因果，共同维持了秘色瓷的百年繁盛。

五代十国，藩镇割据，战乱连年不断。越窑青瓷的又一个春天，为何会出现在如此动乱的时期呢？这就要说到吴越国优越的地理环境和钱氏三世五王的治国方略了。

吴越立国

安史之乱之后，地方政府开始自行委任官员，甚至调动本地资源都不必再获得中央许可。晚唐时期，威胁中央政府的军事势力主要来自河北藩镇，中央财政几乎完全依赖南方供给，因惧怕加强驻军会引发南方军阀的割据，所以南部驻兵较少，只派遣官员与地方势力共同参与管理，这一状态持续了百余年。

正是在这样的时代背景下，位于东南的吴越国开始兴起。

五代时期的吴越国地处我国东南沿海，领一军十三州，版图包括今浙江省全境、福建北部、江苏南部和上海部分地区。吴越国自后梁开平元年（907）钱镠受封吴越王始，及北宋太平兴国三年（978）钱弘俶纳土归宋止，历三世五王，在十国之中是国祚最长的国家。

吴越国领一军十三州，其中“一军”为安国衣锦军，即今杭州市临安区，是吴越国建立者钱镠的出生地，故特升为衣锦军。“十三州”则包括杭州（首府）、越州（东府）、湖州、台州、温州、明州、处州、衢州、婺州、睦州、秀州、苏州和福州。

图 5-1　钱镠像

吴越的开国君主钱镠（852—932），字具美（一作巨美），小字婆留，出生于临安。钱镠少时以贩盐谋生。茶、盐之类原本都是由国家专营的，晚唐时期，管理松弛，民间私盐屡禁不绝。贩盐团体为对付政府镇压或途中遭遇劫匪，会携带兵器以自卫，逐渐形成强大的武装组织，甚至称霸一方。

钱镠就是在这种环境中成长，文献中说他“及壮，无赖，不喜事生业，以贩盐为盗”。后来，他被地方势力招募参军，后逐渐发迹。

钱镠入伍从戎后，因骁勇善战，屡立军功。在唐乾符二年（875）成为石镜将董昌部下，后渐由偏将而升掌一州之兵。乾符六年（879），黄巢起义军攻打临安，因钱镠阻击有功，升任都知兵马使。光启二年（886），董昌采纳钱镠建议，全军渡江进击，消灭镇东观察使刘汉宏，占领越州。次年，钱镠升任杭州刺史，与董昌分据浙东、浙西。

唐景福二年（893），钱镠升任镇海军节度使，驻杭州。乾宁二年（895），董昌在越州自立为帝，建立大越罗平国，改元顺天。同年五月，唐昭宗削除董昌官爵，又封钱镠为浙江东道招讨使、彭城郡王，令其讨伐董昌。钱镠遂灭董昌，得越州。乾宁四年（897），钱镠前往越州，而后返回杭州，以越州为“东府”。从此，钱镠基本控制了两浙，正式形成割据势力。

钱镠在平定了两浙内部的敌对势力后，基本停止了大规模的征讨。但由于三面受敌，仍经历了多次边境保卫战，主要对手就是淮南节度使杨行密。天复二年（902），唐昭宗封钱镠为越王。天祐元年（904），钱镠上表朝廷，求封吴越王，却被朝廷拒绝，后因朱温斡旋，被改封为吴王。

后梁开平元年（907），朱温篡唐称帝，建立后梁，并封钱镠为吴越王，兼任淮南节度使。钱镠不听属下官员“拒梁命”的建议，接受了梁朝册封。钱镠领浙江西道、浙江东道两道节度使，设西府杭州、东府越州为道治，定都杭州。由于吴越偏安东南一隅，始终尊奉中原为正朔，梁朝封钱镠为吴越王、诸道兵马都元帅。

后梁龙德元年（921），钱镠又获赐殊礼，可“诏书不名”。此时，前蜀、杨吴、南汉、闽等地统治者先后建国称帝，群臣劝钱镠据吴越称帝，都被钱镠拒绝。

后梁龙德三年（923），钱镠被册封为吴越国王。他改府署为朝廷，设置丞相、侍郎等百官，一切礼制皆按照皇帝的规格。不久，晋王李存勖灭后梁，建立后唐，改元同光。钱镠又遣使进贡，并求取玉册。后唐郭崇韬等大臣都极力反对，认为只有皇帝才可以用玉册，但李存勖最终还是赐予钱镠玉册、金印。新罗、渤海国等海外诸国皆接受钱镠册封，尊其为君长。

后唐同光四年（926），李存勖在兵变中遇害，李嗣源即位。中原局势混乱，中原朝廷诏命难以到达吴越。钱镠遂改元宝正（据洪迈《容斋四笔》载，钱镠在宝正年号之前，还曾改元天宝、宝大）。后唐长兴二年（931），李嗣源重新任命钱镠为天下兵马都元帅、尚父、吴越国王，并命监门上将军张篯前往杭州谕旨。

图 5-2　功臣塔

钱镠在位 41 年，保境安民，经济繁荣，渔盐桑蚕之利甲于东南，文士人才荟萃，学术、艺术也同时著称于世，成就了“桑麻蔽野”“春巷摘桑喧姹女”的繁盛。从此江南成为“丝绸之府”。他兴修水利，鼓励垦田，吴越“境

图 5-3　钱镠墓

内无弃田”，岁熟丰稔，由是“钱塘富庶盛于东南”，自此两浙地区逐渐开始与中原核心区经济文化地位接近。

后唐长兴三年(932),钱镠去世,终年81岁。后唐朝廷赐谥号武肃。

钱镠之后，第七子钱元瓘即位，在位十年。他着力于发展与日本、朝鲜半岛等各周边国家的友好交流，善事中原后唐、后晋政权，保土平安。后晋天福六年（941），钱元瓘去世，后晋赐谥号文穆。

钱元瓘去世后，14岁的第六子钱弘佐继承王位，多次下令减免赋税“以宽吾民”。后晋仍封其为吴越国王。后晋开运四年（947），钱弘佐去世，谥号忠献。因其子尚年幼，故由其弟钱弘倧嗣位。后晋开运四年（947）八月，任命钱弘倧为东南兵马都元帅，镇海、镇东节度使兼任中书令、吴越王。

钱弘倧与右统军使胡进思不和，导致在位半年就遭废黜。这年十二月，内衙统军使胡进思先发制人，以内衙兵发难，将钱弘倧软禁，假传命令，说钱弘倧突然中风，传位给其弟钱弘俶。后汉乾祐元年（948），钱元瓘第九子钱弘俶嗣位。

北宋开宝八年（975），钱弘俶应宋太祖赵匡胤约，出兵与北宋会师南唐金陵。十二月，钱弘俶入朝表贺。宋太祖赵匡胤最后消灭了割据政权南唐，十国之中仅剩吴越和北汉。

高僧延寿乃德韶之法嗣，此时沉疴在身。吴越王钱弘俶前往探病时，对宋灭南唐危及吴越走向，征询延寿的意见，延寿则尽力劝谕钱弘俶“纳土归宋，舍别归总”。

钱弘俶审时度势，遵循祖宗武肃王钱镠的遗训，以天下苍生安危为念，采纳了延寿临终建议，采取“重民轻土”之善举，毅然于太平兴国三年（978）三月入宋都开封，五月遵从祖训，决定纳土归宋，将所部十三州、一军、八十六县、五十五万六百八十户、十一万五千一十六卒，悉数献给宋朝，成就了一段顾全大局、中华一统的历史佳话。

由此，吴越地区的生产力免遭破坏，人民也免遭生灵涂炭，从而稳定和巩固了中华一统的政治局面。北宋大文人苏轼曾评说：“其民至于老死，不识兵革，四时嬉游歌鼓之声相闻，至于今不废，其有德

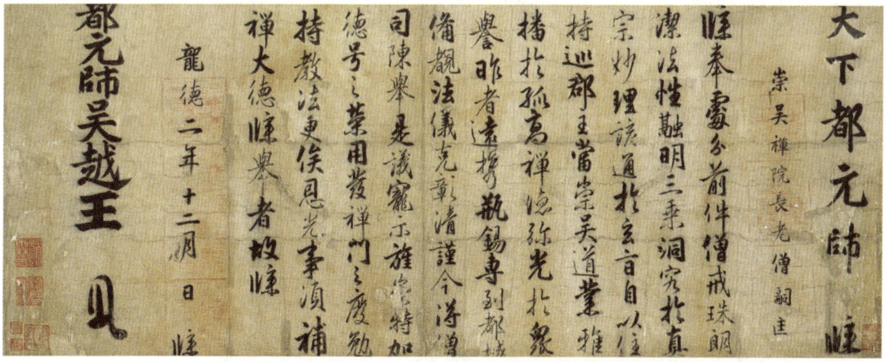

图 5-4　吴越国二王合批牍（浙江省博物馆藏）

于斯民甚厚。”这是对吴越钱氏历史功绩的客观评价。吴越钱氏为中国的和平统一提供了一个成功的范例。千年前的古人具有如此的历史远见和宏大胸怀，实属不易。

正是由于吴越国钱氏三世五王恪守“保境安民”的基本国策和“善事中国”的治国方略，再加上自身地理条件优越，吴越国得以在五代十国的乱世之中，偏安东南一隅，保一方太平。

在那个极其混乱的年代，两浙地区数十年无兵战之祸，兴修水利，筑捍海塘，奖励垦荒，“境内无弃田”，民生有保障，加上海外贸易

图 5-5 保俶塔

多有渔利，促进了社会经济发展，使得吴越国成为五代十国中首屈一指的富庶之区。

欧阳修曾说：“独钱塘自五代时，知尊中国，效臣顺，及其亡也，顿首请命，不烦干戈，今其民幸富完安乐。”苏轼也说：“吴越地方千里，带甲十万，铸山煮海，象犀珠玉之富，甲于天下。”

史载吴越国“航海所入，岁贡百万”，每年从航海所入中拿出“百万”之巨数来进贡中原朝廷，足以证明吴越国海外贸易之盛、获利之巨。从文献记载来看，吴越国时期以明州（今浙江宁波）为中心的海外贸易，其商品除金、银、缗钱、绢帛、绫锦外，来自上林湖窑等窑场的越窑青瓷为其主要输出物。

据近年考古调查，上林湖一带有五代窑址 67 处，上虞窑场有 42 处，东钱湖四周的窑场有 30 余处，比唐代大大增加了。另外，日本的鸿胪馆、马来西亚的沙捞越、印度的阿里卡美道、斯里兰卡的达底迦摩寺院、波斯湾的席拉夫、伊拉克的萨马拉等地，均出土过五代时期的越窑青瓷（或碎片），足以证明那时候越窑青瓷的销路之远之广。

贡瓷进京

偏处东南一隅的吴越国，为保一方平安，历来奉中原皇室为正朔，自甘称臣，进贡效忠。作为吴越国的土贡，瓷器自是重要的选项，而作为越窑青瓷的顶级代表——秘色瓷，就在其中扮演了重要的角色。

宋人赵令畤《侯鲭录》中质疑“唐时已有秘色，非自钱氏始”，没错，他从陆龟蒙的诗中发现了这个问题，从而认为“秘色”之意并非“钱氏有国日”以之入贡、“臣庶不得用”之故。

据考古资料，法门寺地宫中供奉的秘色瓷，乃唐懿宗、僖宗朝事。

图 5-6　辽越窑青瓷葵口碗（内蒙古自治区文物考古研究院藏）

据钱镠晚年自述，即吴越宝正六年（931）撰写的《新建风山灵德王庙记》所记，他与这两位唐朝皇帝已经建立起了亲密的君臣关系，所谓“四朝叠受册封，九帝扶拱宗社，改家为国，兴霸江南”。其中“九帝”中的前面两位就是唐懿宗、僖宗父子。虽然懿宗、僖宗在位时，他尚未受封吴王、越王、吴越王，却已崭露头角，成为两浙地方的实力派。而维系这种关系的重要纽带或媒介，就是秘色瓷——专门倾心打造的贡献君王的精美瓷器。

吴越享国期间，上贡中原朝廷达70余次，且物资丰盈，种类繁多，除金银珍宝、犀角象牙、兵器甲盔、稻米茶叶外，还有大量丝织品和瓷器，其中的瓷器即包括精美的秘色瓷。

我们且按时间前后，罗列一下相关的文献记载：

宝大元年……九月，王遣使钱询贡唐方物，银器、越绫、吴绫及龙凤衣丝鞋屐子，又进万寿节金器盘、龙凤锦织成红罗縠袍、袄衫段、秘色瓷器……龙带御衣、白龙瑙、红地龙凤锦被……（《十国春秋》卷七八）

清泰二年……九月，王贡唐绵绮五百、连金花食器二千两、金棱秘色瓷器二百事。（《十国春秋》卷七九）

（天福）六年……十月己丑，吴越王钱元瓘进金带一条、金器三百两、银八千两、绫三千匹、绢二万匹、金条纱五百匹、绵五万两、茶三万斤，谢恩加守尚书令。辛卯，又进象牙、诸色香药、军器、金装茶床、金银棱瓷器、细茶、法酒事件万余。

（天福七年）十一月王遣使贡晋，铤银五千两、绢五千匹、丝一万两，谢封国王恩。又进细甲弓弩箭、扇子等物，又贡苏木二万斤、干姜三万斤、茶二万五千斤及秘色瓷器、鞋履、细酒、糟姜、细纸等物。

图 5-7　辽越窑青瓷银釦盏托

（《十国春秋》卷八〇）

（乾祐三年）十一月……乙亥，王贡汉谢恩绫绢二万八千匹、银器六千两、绵五万两、茶三万五千斤、御衣二袭、通犀带、戏龙金带各一围。（《十国春秋》卷八一）

开宝二年秋八月，宋遣使至，赐生辰礼物并御衣红袍一副，金锁甲一副及驼马百头。是时，王贡秘色窑器于宋。（《十国春秋》卷八二）

（开宝）六年二月十二日……钱惟濬进……金棱秘色瓷器百五十事。（《宋会要辑稿·蕃夷》）

（开宝九年）六月四日……（钱）惟治进……瓷器万一千事，内千事银棱。（《宋会要辑稿·蕃夷》）

（太平兴国）二年……三月三日……俶进……金釦越器二百事。（《宋会要辑稿·蕃夷》）

（太平兴国）三年……四月二日，俶进……瓷器五万事……金釦瓷器百五十事。（《宋会要辑稿·蕃夷》）

甚至在吴越国纳土归宋之后，原吴越国地区的进贡秘色瓷之事仍在延续，史籍中有如下两条记载：

（太平兴国）八年……秋八月二十三日，遣使赐王生辰礼物。翌日，王遣世子惟濬贡上白龙脑香一百斤，金银陶器五百事，银二万两，黄金一千两。（《吴越备史》卷四）

（太平兴国）八年……秋八月，王遣世子惟濬贡宋帝白龙脑香一百斤，金银陶器五百事。（《十国春秋》卷八二）

另据《十国春秋》卷八二之《论》中称：

忠懿王（即钱弘俶）入贡……皆希世之宝……金银饰陶器一十四万余事、金银饰龙凤船舫二百艘……

而同书卷八三记载：

王还令惟治入贡，惟治私献……釦金瓷器万事。

图 5-8　辽越窑青瓷菊花纹盘
（内蒙古自治区文物考古研究院藏）

按，这条记载当同《宋会

图 5-9　秘色瓷细颈盘口瓶（临安区吴越文化博物馆藏并供图）

要辑稿》所记开宝九年（976）入贡事。而谓钱弘俶所贡“金银饰陶器”14万件，可能是历年朝贡的总计。

此外，在《十国春秋》等文献中，忠献王钱弘佐在开运三年（946）曾贡后晋。忠懿王钱弘俶于显德五年（958）四月七日及八月十一日曾两次贡后周，又曾于乾德元年（963）、乾德三年（965）和开宝五年（972）三次贡宋，惜没有翔实的记录，但援吴越国朝贡之惯例，似亦有秘色瓷列入其中。

通过以上的资料罗列，可以看出这样的史实，吴越国为表忠诚，对中原皇室朝贡不断，到北宋初年，钱氏更是倾尽国力上贡。

有意思的是，当时以秘色瓷作为土贡进献中原朝廷，似乎并不只有吴越国一例。据史载，919—923年间，前蜀王王衍报后梁末帝的信物中有“金棱碗”，在致语中有“金棱含宝碗之光，秘色抱青玉之响”等语。这里提到的“秘色”，应该也是指吴越国所产的秘色瓷。

另外，有一种说法是同光元年（923）闽王遣使贡后唐秘色茶盏，徐夤因而作《贡余秘色茶盏》诗。若依此说，则可见当时吴越国所产秘色瓷是非常珍贵宝重的精品，南方十国的君主们为奉中原五代帝王为正朔，即便自己不生产，也要设法得到这种在大唐时只配皇室宫廷享用的宝物奉献，其宗旨在于政治上的称臣示忠。

图 5-10　雷峰塔旧影

太平兴国三年（978）吴越国纳土归宋后，虽然钱弘俶及其子孙仍享受国王封号和相应的物质待遇，但对吴越国版图内的控制权已荡然无存，钱弘俶本人更是从此羁困北上，终老异乡。可以想见，像秘色瓷这种象征皇权威仪的物品的生产和管理也被宋朝廷直接掌管。不过，从文献记载来看，太平兴国二年（977）以后钱氏贡宋的物品中，尽管仍有越器、金釦越器、瓷器、金银陶器等项，但已不见有秘色瓷。

南宋周密《志雅堂杂钞》记载："大宋兴国七年岁壬午六月望日，

图 5-11　雷峰塔出土银舍利塔

图 5-12　雷峰塔出土佛像

殿前承旨监越州瓷窑务赵仁济。”因此可以作这样的推测，北宋朝廷在太平兴国三年（978）前后已开始直接派官员接管并控制了原属吴越国的瓷器生产。或许正因如此，2001 年杭州发掘吴越国于太平兴国二年（977）前后建成的雷峰塔遗址，在地宫中没有发现一件秘色瓷或越窑青瓷。

时尚之巅

到了晚唐五代吴越国时期，越窑青瓷可以说达到了巅峰。这一时期，国人在审美喜好上已接受了中国化的金银器造型，越瓷初创的器形多嫁接了这些流行因素。如折腹碗、海棠杯、花口盏、圆口钵、盒、

图 5-13　秘色瓷花瓣口海棠杯
（临安区吴越文化博物馆藏并供图）

执壶等，都是在金银器造型上加以改造而来的。

在器物造型上，多出现了类似金银器的外撇卷边，花口口沿，器身的筋条、圈足等。瓷器口沿下有时会有一圈折线，器腹弧线转折处有些也留有折线印记，在金银器的沿口与接缝处都有这样的线条，是金属片衔接和收口时必有的接缝，瓷器上的这些“棱线”应该是仿金银器时保留的印记。从功能上讲，在瓷器上做出这类“棱筋”，也能提升器形整体精神。

类似花朵或云朵的曲瓣形态，在唐代银盒中多见，其造型刻意强调器物弧曲变化，这是受到波斯金银器风格影响的产物。这一金银器加工工艺也为当时的越窑青瓷器所借鉴。越窑青瓷中多瓣造型的器物演变成凸瓣，细密水滴状的瓣形变为桃形莲瓣等，都是受到金银器工艺影响的例证。

另外，花瓣形的杯、高足花口器、瓜棱壶等也是唐代金银器的代表性器形，还有各类胡瓶造型，这些在唐五代越窑青瓷中也常见到。这些新造型体现了越窑工匠对来自异域文化的汲取，同时又融入了原本固有的东方审美情趣，堪称东方审美与异域文化的又一次交流碰撞。

不过从总体上看，唐五代越窑青瓷中更多的还是延续早期越窑而来的器形，以常见的碗、盏类器皿为例，变化的只是底部。比如南朝时流行的饼形底碗、盏，到唐代时发展到玉璧底和环底，到五代时又出现了圈足，发展序列清晰、齐全，成为越窑青瓷的主流器形。

玉璧底碗特别值得一提。所谓“玉璧底”，顾名思义，是因其底足酷似古代玉器中的玉璧，故而得名。这种形制的瓷碗在唐代大为流行，口沿有唇口和不带唇口的两种，碗壁有的直壁斜出，有的微带弧度，足一般宽而浅，中心凹处有的施釉，有的无釉，这是一种轻盈又美观的新颖饮食用具。不仅越窑，当时其他窑口如河北的邢窑、定窑，河南的巩义窑，山西的浑源窑，陕西的耀州窑，湖南的长沙窑都有烧制。外国的许多古城、古遗址中也出土有产于中国的玉璧底碗。

关于玉璧底碗的用途，有可能是饮茶之用，也有可能是用于饮酒。中国茶叶博物馆内藏有一件唐代长沙窑青釉玉璧底碗，碗内底心有“茶椀”二字刻款，显见是茶具；而湖南省博物馆所藏多件长沙窑玉璧底碗，外底部带“酒”字款，则是饮酒专用。由此可见，玉璧底碗用途广泛。

虽然说除越窑之外，前述的南北方各瓷窑中也都有这类玉璧底、玉环底瓷器的烧制，从考古发掘或传世品中也都有类似实物传世，但在这些窑址中没有发现从饼形底到玉璧底的发展序列，只是间断性地有宽窄不同的器底出现，可见各窑口对不同时期流行的越窑器进行了仿制。

越窑青瓷可以说集南北特色于一身，站在时尚之巅，为世人所仰慕，使用范围已遍布全国高端文化层。“夫子廊庙器，迥然青冥姿”，越窑青瓷成为大型祭祀中的礼器；“列筵飞翠斝”，越窑青瓷又成为礼仪宴饮中文人玉壶菊酒、一顾淹留的点缀；“未盥邵陵王，瓶中弄长翠”“蕲簟曙香冷，越瓶秋水澄”，越窑青瓷又是文人雅士画堂清斋的案头雅玩；“留欢尽绿樽”“归隐谢浮名”，越窑青瓷又成为官员致仕、回归田园的常日相伴。

还有人用越窑青瓷来尝试乐律的起伏，《乐府杂录·击瓯》载“充太常寺调音律官……善击瓯，率以邢瓯越瓯共十二只，旋加减水于其中，以箸击之”。青瓷瓯不仅是茶具、酒具，同时也可以成为“清同野客敲越瓯，丁当急响涵清秋”的乐器。

唐五代越窑青瓷以其滋润悦目的青绿釉色，融合东西审美的轻巧造型，素雅浅淡的纹样装饰，整体呈现出柔和清雅的审美效果，与晚唐趋向文化内敛的心理追求接近，一时成为时尚翘楚，引领瓷业风潮。

从品类上看，与前几个朝代相比，唐五代时期越窑青瓷也有重大转变，日用器成为绝对主流，说明其使用群体和范围都较早期有了更大的拓展。

上林湖窑区的整体调查表明，唐代中期左右的窑址区域、数量出现明显增长，说明这是越窑兴盛的开始。盛唐以后，越窑青瓷种类、数量都有了明显提升，荷花芯窑址就是其中突出的代表。

荷花芯窑址位于上林湖西南岸，由于地势较高，目前未被湖水淹没，是唐代越窑最具代表性的窑址，产品以唐代中晚期越窑开始兴盛时为主,后段延及北宋。

窑址坐西朝东，北、西、南三面呈“凹”字形分布，隆起部分为窑炉与废品堆积处，两条龙窑分别位于北面与西面的山坡上。中间及朝东区域是下凹的平坦区，从地形、地势及整个窑场的分布来看，属于作坊区域。考古人员已在此发掘 2000 平方米，揭露出龙窑两条，在制瓷作坊遗迹中有房址 5 处、挡墙多道、台阶路 2 处、辘轳坑 1 处、贮泥池 1 处、釉料缸 2 个。整个窑区作坊、窑炉、废品

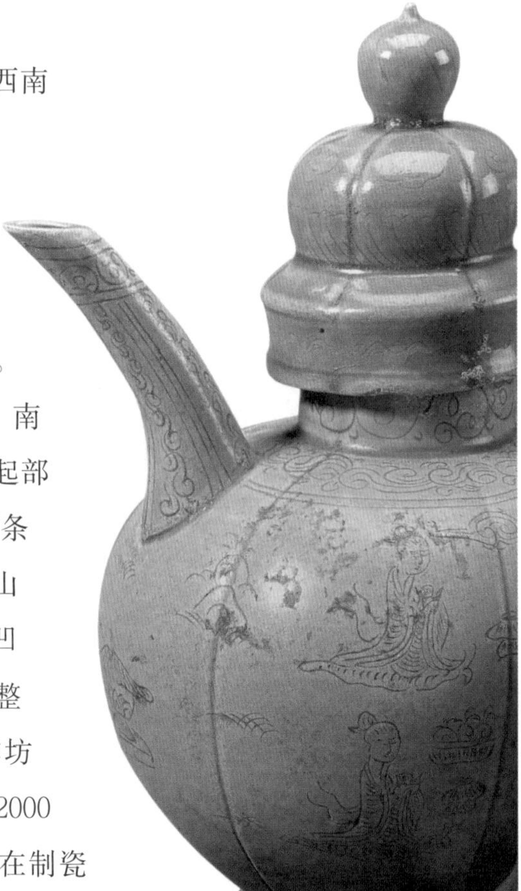

图 5-14　五代越窑青瓷划花宴乐人物图注壶（首都博物馆藏）

堆积相对完整，基本可以复原出唐宋时期窑场的布局。

这时的窑炉较之前约有三倍的加长，说明烧制技术有了飞跃性的进步。两条窑炉分别位于两侧的山坡，依山势呈长条状，因此得名龙窑。这是生活在此区域的古越族的重大发明之一，与北方地区的馒头形窑差别明显。馒头形窑主要位于北方平原地区，宋代以后用煤作燃料。而南方龙窑装烧量更大，以柴作燃料，对窑温控制、工艺技术要求等较馒头形窑更高。

在窑炉附近还有房址、挡墙、釉料缸、贮泥池等遗迹，基本使用废弃匣钵垒砌而成。房址内揭露出辘轳坑和釉料缸遗迹，这里应是窑场拉坯成型、上釉等工序的制瓷作坊。贮泥池位于窑炉前面的西南角，在生土层下挖而成，四周用石块砌筑，上坡还有一道小而矮的挡墙，以防止废品杂物滚落。洗泥、拉坯、上釉，到进龙窑烧制完成，大部

图 5-15　越窑荷花芯窑址

分遗存在这里都有发现，可以还原出“作灶长如丘，取土深于堑。踏轮飞为模，覆灰色乃绀”的制作场景。

荷花芯窑址的堆积中出土了大量标本，以唐代中晚期产品最为精彩，器类丰富，造型优美，釉层滋润如玉。主要有玉璧底碗、宽圈足碗、盏、盘、碟、罐、盆、钵、盒、水盂、碾轮、渣斗、海棠杯、熏炉、茶匙、枕、穿带扁壶、盘口壶、侧把壶、瓜棱形侧把壶、执壶、净瓶、砚、砚滴、盏托、茶碾等，有些产品器形巨大，造型复杂。

无论胎质还是釉色，均较前期有了质的飞跃，胎色泛灰，胎质细腻，胎釉结合好，釉质感极佳，釉色青中泛黄，釉面匀润，以满釉为主，仅部分玉璧底碗施半釉。器物装饰以素面为主，仅少量盏、盘类器物腹部刻划四叶对称的荷叶纹，少量器物如侧把壶、水盂腹部作瓜棱状。

图 5-16　慈溪寺龙口窑址龙窑炉

从陆路到海路

吴越国对中原称臣效忠，时不时要将包括秘色瓷在内的江南特产风物送往京城。那么，这一条足有千里之遥的进贡之路，是怎么行走的呢？

进贡帝京之物极其珍贵，安全是第一位的，尤其瓷器，稍不留神就会被

图 5-17 荷花芯遗址出土唐越窑青瓷

碰坏，若用驴马大车载运，千里迢迢，路途颠簸，难度很大。最妥当的路径肯定是走内河水路，又平稳又便捷。

在隋代之前，南北之间的交通颇不便利。因为中国地势西高东低，几条主要的河流，像黄河、长江、淮河等，都是东西向的，这就造成了南北之间的交通颇多阻隔。但这一现象在隋代得到了巨大的改变：京杭大运河开通了。

京杭大运河分四段，以洛阳为中心，往北有永济渠，朝南是通济渠，连接山阳渎（邗沟）和江南运河。通济渠西段，自洛阳引谷水、洛水，注入黄河，中段利用黄河自然河流，自洛口到板渚，东段自板渚引黄河水走汴渠，注入淮河。而后，由淮河入山阳渎（邗沟），由此通长江，再转江南运河至余杭（杭州）。

图 5-18　秘色瓷皮囊壶（临安区吴越文化博物馆藏并供图）

盛唐时，从江南至京城的千里水路，尤其人工开凿的几条运河段，时常得到疏浚与维护，行走各种船只畅通无阻。那时，由江浙地方官员进贡朝廷的粮食、茶叶、瓷器等贡物装在漕船上，可以顺利地从水路直抵中原腹地的洛阳。

然而，到唐朝末年，国势衰微，各地藩镇割据，独霸一方，尤其黄巢军起，杀入洛阳、长安，李唐王朝陷入末路，唐昭宗惶惶然如丧家之犬，半死不活拖了一些时日，终被废黜。而后是更加动荡的五代十国，连年战乱，各方势力割据争斗，相互敌视，封锁边界，水陆交通人为阻隔，尤其贯通黄河与淮河的那条通济渠（汴渠运河）失去维护后，不几年便泥沙堆积，难以行船。

五代十国之时，江南有两个割据政权，除了吴越国之外，另一个是吴（又称杨吴），以南京为都城，拥有江淮一带和江西大部，杨行密为国王（后为李姓南唐）。吴国疆界往北与中原相接，往南便是钱

图 5-19　北宋越窑刻划牡丹纹粉盒

镠的吴越国。

吴越国王钱镠和吴国杨行密是冤家对头，杨行密对吴越一直心怀叵测，总是伺机南侵，二人为争夺地盘，多次兵戎相见。一条原本很通畅的江南运河，到了苏州，再不能往北行船了。

吴越国自第一代国王钱镠起，就一直奉行一条国策，即“善事中国，保境安民”，故吴越国钱氏三世五王对中原朝廷一直恭敬仰拜，即使唐朝被灭了，对继接的后梁、后唐、后晋、后汉、后周五代也不敢有丝毫怠慢，时时派遣使者北上，面君称臣，殷勤上贡。

但要将这么多的珍贵财物送往中原腹地的皇城，并不是一件容易之事。若要走水路，因杨吴国所阻，肯定行不通。因此有那么几年，吴越国进贡不得不走陆路，从虔州（即今江西赣州）翻山越岭，绕道而行，经湖广去往中原，十分艰辛。不料未几，因虔州也被杨行密攻占，连这条艰难的陆路也被切断了。

但进贡仍是不能不做的事情，无奈之下，吴越国只得另择他途，这回走的仍是水路，却是从海上绕行的。满载贡品的官船从钱塘江南岸的萧山西兴码头启程，走数百里长的浙东运河，中间过钱清江至绍兴城，经曹娥江到上虞（旧城），再往东北至余姚境内的余姚江，顺江至明州（今浙江宁波），然后择定吉日，数船结队，自明州港出海远行。

吴越国进贡中原的船队走了一条千里之遥的海路，出东海，过黄海，绕过山东半岛，再拐进渤海湾，到达山东的登州港和莱州港，登岸后走一段陆路，到黄河再行船，抵达汴京（今河南开封），如此才算完成进贡之行。

这样的进贡之途，艰险可以想见。海上风急浪高，状况百出，若遇台风，便有灭顶之灾，史书称："岁自海道登、莱入贡，没溺者什四五。"十条船就要丧失四五条，损失近半，冒这样的风险，代价不可谓不大。但即使如此，吴越国的进贡之路仍没有停歇，依旧年复一年，屡进不止。

从文献记载来看，吴越国的最后一次进贡是在北宋太平兴国三年（978）四月间，也正是钱氏吴越国最后终结、完成"纳土归宋"这一年。这次上贡，因南唐已经灭亡，北上已无阻碍，故而未走海路，而是沿运河北上。

《宋会要辑稿》记载了钱弘俶最后一次以吴越国君主身份去中原朝贡时的上贡礼单：

（太平兴国三年）四月二日，俶进银五万两、钱五万贯，绢十万匹、绫二万匹、绵十万两，牙茶十万斤、建茶万斤、干姜万斤，瓷器五万事，锦缘席千，金银饰画舫三、银饰龙舟四，金饰乌樠木御食案、御床各一，金樽罍盏斝各一，金饰玳瑁器三十事、金釦藤盘二、金釦雕象俎十，银假果十株、翠花真珠花三丛，七宝饰食案十、银樽罍十、盏十、盏斝副焉，金釦瓷器百五十事、雕银俎五十，密假果、翦萝花各二十株，银釦大盘十，银装鼓二、七宝饰胡琴五弦筝各四、银饰箜篌方响羯鼓各四、红牙乐器二十二事，乳香万斤、犀象各百株，香药万斤、苏木万斤。

不用细算就能掂量出，这是一份数量惊人价值巨大的礼单，完全用得上“倾国倾城”这样的形容词！钱弘俶这是把吴越国能搬能拿的财物全都拿来进贡大宋皇帝了，不算随行人员，光这些财物得装好几条大船啊！

从史书记载来看，钱弘俶这次进京朝贡，表面上看是一片祥和之气：三月，乘船离开杭州，走海路绕道去中原；四月入京，进贡；五月初上殿进表，纳土归宋，宋皇赵光义笑纳，封钱弘俶为淮海国王，又下旨，迎吴越钱氏家人及重要官员携家眷进京，广备屋宇，妥为安置……到了八月，遵命北迁京城的钱氏族人及官员开始动身，数千人众及所携财物，足足用了1044条船，自杭州启程，沿隋唐大运河，数十里长的船队浩浩荡荡，一路北上。沿途有大宋官兵小心护送，各级官员恭迎接待。月余，船队安全顺利抵达都城汴梁（今河南开封）。

但其实，历史的真相并没如史书上所写的这样。钱弘俶此次进京，就没能再回到杭州故土。宋太宗赵炅（赵光义即位后改名）虽然对他又是封王又是安抚，但其实是把他作为人质扣在汴梁京城了。

钱弘俶在京城过得怎么样？史书上没有明确记载。但是，偶然传出的一件历史文物，却似乎隐隐透露了一丝消息。

1998年春，国际著名的佳士得拍卖行有一件被冠以“人间至宝”名目的拍品即将上拍，内容包括唐昭宗赐钱镠“铁券图式”刻本、吴越国王钱弘俶手简、朱熹书与某君承务及宋元明清四朝观款题跋。

其中的忠懿王钱弘俶草书墨迹手简，为钱弘俶仅有的存世书法成篇作品。乃手状七行，后具押字。全文如下：

报叔侯：适领来状，却忽不安，忧轸亦多。瞩须弥切，且宜妙为将摄。速侯康宁，又不能令医。近来兴烦，律遣公务，且委亦向指挥，甚未妨事。切好将息将息。已令内景磅到，少药物等。此不多述，不具。押付叔侯。十月七日草。

本书简内容充分表露出钱弘俶纳土归宋后，在汴梁城屡次风疾复发，内心烦躁痛苦的生活状态。

北宋端拱元年（988）八月，钱弘俶六十大寿，宋太宗遣使送美酒祝贺，结果钱弘俶当夜暴毙于南阳，谥号忠懿。后人或有怀疑其被毒杀，但也没有什么铁证，遂成千古疑案。

2019年秋，笔者因事过洛阳，于洛阳博物馆石刻馆见有一方五代《吴越国王钱俶墓志》刻石，颇感惊讶，想钱弘俶当年薨于南阳，墓志缘何会出现在洛阳。后来查检文献，方知这块志石的来历，其收藏及传承经过跌宕起伏，颇为惊心。

清道光二十年（1840），洛阳县令马恕为搜储古代石刻，在洛阳建存古阁，收藏晋至宋各类石刻及拓片，其中就有这块钱弘俶墓志原石，可惜没有记述出土地点和时间。由此可知，钱弘俶墓在清代就已被盗，时间大约是道光至同治年间。随葬文物不知去向，但墓志得以保留。

清光绪元年（1875），金石学家汪鋆编著《十二砚斋金石过眼录》十八卷刻印出版，其中卷一六收录了钱弘俶墓志铭文，这是关于钱弘俶墓志的首次记载，引起世人关注。

清朝末年，金石学家罗振玉四处打听，得知这通墓志的指向在洛阳，于是在1911年通过友人从洛阳古董店、存古阁和洛阳北邙山农村，购得一批古文物，其中包含钱弘俶墓志拓片。1914年，罗振玉著的《邙洛冢墓遗文》一书出版，书卷下收录有钱弘俶墓志拓片。

据《洛阳县志》，民国初期天下大乱，洛阳盗墓风气盛行，墓志等文物不断出土，“一朝出土，士人争购，一石恒数百金，有至千金者。一入商贩之手，则列石于市。一旦得善价，乃亟毡包席裹而去”。这一时期，存古阁无人典守，失窃严重，仅剩石刻四十块，而大量石刻拓片遭盗窃，流入海内外收藏家之手。但万幸的是，韩寿墓表、钱弘俶墓志等珍贵石刻侥幸得以留存。

后来世事略微平定，一些有识之士又从民间购石收藏。1919年，存古阁藏石又增至九十块。1931年春，张钫、刘镇华、武庭麟等人创办洛阳县河洛图书馆，接管了存古阁的石刻文物。

日寇侵华期间，1944年洛阳县河洛图书馆被日军司令部占据，次年日本战败投降，由国民党军接管，馆中文物大量失窃，藏石仅剩三十多块。而钱弘俶墓志石原石被抛置在院内一角落里，未被人辨识而逃过一劫。

1948年4月洛阳解放，市长杨少桥下令将散放在河洛图书馆内各处的石刻集中到库房存放，后移入洛阳古代艺术馆（洛阳关林庙）。

令人唏嘘的是，因该志石上刻志题甚长，全称“大宋故安时镇国崇文耀武宣德守道中正功臣、武胜军节度、邓州管内观察处置等使、开府仪同三司守太师、尚书令兼中书令、使持节邓州诸军事、邓州刺史、上柱国、邓王，食邑九万七千户，食实封壹万陆千玖百户，赐剑履上殿书诏不名，追封秦国王墓志铭并序”，内中并未出现“钱弘俶”字样，故而该志石原陈列于洛阳古代艺术馆东展室时，一度被误识为“邓俶”

之志，致使这方具有较高历史价值的“国君”级墓志沉湮多时，不为人知。

2011 年 4 月，洛阳博物馆新馆建成，钱弘俶墓志原石于石刻馆中展出。志石高 92 厘米，宽 93 厘米，志文 53 行，满行 52 字，全文约 2700 字。由墓志序言可知，钱弘俶墓志由宋金紫光禄大夫慎知礼撰文，邓州钱王府都押衙秦守良誊写。

而通过对志文内容的释读，也可大略了解钱弘俶去世下葬及身后哀荣等事宜。

墓志载，钱弘俶去世后，太宗废朝七日，册其为“皇帝”，追封秦国王，备极哀荣。端拱元年（988）孟冬十一月，“启柩于邓”，二十五日，“馆葬于京师之东墅，越二年正月十五日，葬于河南府洛阳县贤相乡陶公里”。

由此可知，钱弘俶死后先是“馆葬”于京城开封，两年后改葬洛阳。《宋史・吴越世家》钱弘俶传中有其死后归葬洛阳邙山的记载，在其子钱惟演传中也提到“先茔在洛”，钱弘俶墓志所述印证了史记。

墓志中提到的葬地“河南府洛阳县贤相乡陶公里”，北宋时贤相乡辖有上东里、上店里、旌德里、积润里、凤台里、陶公里等处，其中凤台里因凤凰台而得名，在今凤凰台村北一里许的向阳坡上。这里埋葬着东吴末帝孙皓，陈朝后主陈叔宝，百济王扶余义慈、扶余隆父子，后蜀后主孟昶，南唐后主李煜等，这恐怕是我国唯一的“亡国之君兆域”。

钱弘俶纳土归宋，吴越国灭亡，说起来他也是“亡国之君”，却葬在与此域相邻的陶公里。这或许可以说明，钱弘俶毕竟与宋太祖、宋太宗交谊颇厚，不葬“亡国之君兆域”，正是为了体现“表异恩”。

钱弘俶卒后数月馆葬于京城开封，两年后改葬洛阳。或因北宋皇陵在洛，为子孙计，钱弘俶生前曾要求归葬北邙，面揖皇陵，表示“生为君臣，死为君鬼”的冥幽效忠，这种心态也是可以理解的。

伍

千峰翠色——秘色瓷的釉色

美丽的大自然在哺育人类的同时，也赋予瓷器依恋大自然之美的天性，而历代制瓷艺人俨然是美的使者，他们用灵巧的双手将大自然宜人的万般青色融入了莹润的瓷釉中。

作为越窑青瓷中顶级产品的秘色瓷，尽管对其“秘色”二字作何解还有不少的争议，但有一点是毋庸置疑的，从迄今考古发现并认定的唐五代秘色瓷产品来看，那滋润晶莹、青翠欲滴的釉色，温润如玉、美如湖山的质感，每每令人赞不绝口，也难怪她会在历史上深受皇室和贵族的青睐，一度成为当时最高等级的贡瓷。

从古至今，对秘色瓷的咏赞之辞不胜枚举，但大家公认，唐代诗人陆龟蒙在《秘色越器》诗中起首的两句“九秋风露越窑开，夺得千峰翠色来”仍是最最恰切、无人能及的妙句。时至今日，“千峰翠色”也依然被认为是秘色瓷的代名词。

古瓷尚青

在古陶瓷学界，一直有“古瓷尚青”之说。最有力的依据，莫过于清人蓝浦《景德镇陶录》援引宋人叶黼《爱日堂抄》中的一段记载：

> 自古陶重青品，晋曰缥瓷，唐曰千峰翠色，柴周曰雨过天青，

吴越曰秘色，其后宋器虽具诸色，而汝瓷在宋烧者淡青色，官窑、哥窑以粉青为上，东窑、龙泉其色皆青。

的确，在元代青花瓷兴起之前，在近千年的历史里，一直流行单色釉瓷。而在这单色釉瓷的苑囿中，青瓷又是一枝独秀。

从这一点上，似乎可以看出一种有趣的现象：古代先民在瓷器审美上，对青色等冷色调有相当的偏好。

为什么会这样呢？国人缘何会对青色如此偏爱、青睐不已？这是一个很值得探究的有趣话题。

有人说，青色是春天的颜色。翻开古人的诗集来看，无论是“苔痕上阶绿，草色入帘青”，还是“袅袅城边柳，青青陌上桑”，抑或是“渭城朝雨浥轻尘，客舍青青柳色新”，描绘春天的诗句不胜枚举，其中都少不了“青色”这一让人赏心悦目的颜色。

宋代大诗人王安石《泊船瓜洲》诗里有一句“春风又绿江南岸”，是大家公认的描写春天的佳句。不过有意思的是，据宋人刘斧《青琐高议》，王安石此诗一开始写的是“春风又到江南岸”，后圈去“到”字，注曰“不好”。改为“过”，复圈去而改为“入”，旋改为“满”。凡如是易十许字，始定为“绿”。“王安石改字”和贾岛那个“推敲”的故事一样，成了古代文坛令人津津乐道的佳话。

但是，王安石诗里明明说的是“春风又绿江南岸”，那为什么春季出游通常说的是“踏青”，却不说“踏绿”？

据《尔雅·释天》的解释，“春为青阳，夏为朱明，秋为白藏，冬为玄英”，这是“青”与“春”产生的一次直接性关联，“青”在这里象征着四时之中的“春”，所以古人将春日出游称为“踏青”。

又有人说，青色是青春年少的颜色。古代文献中有“五色”之说，

图 6-1　北宋龙泉窑青瓷缠枝纹梅瓶

所谓“五色”，即青、赤、黄、白、黑。在古代，“青”在被归于“五色”之时，又悄然与方位时空相结合，如《周礼·考工记》记载：

> 画缋之事，杂五色。东方谓之青，南方谓之赤，西方谓之白，北方谓之黑，天谓之玄，地谓之黄。

其中“青”对“木”，“青，生也，象物生时之色也”。这说明在中国传统文化中，“青”与植物紧密相连，是“万物生之色”，象征着万物生长，生生不息。正因为“青”是“万物生之色”，故又衍生出茂盛、年少之意，象征青春年少。王建《白纻歌》中有“青娥弹瑟白纻舞”之句，“青娥”即指妙龄少女。汉语词林中的“青春”“青年”“青涩”“青梅竹马”诸词，无一不让人将“青”与人一生中的“青春”这一最美好的时段产生联想。

此外，无论是古代服饰中对于“春服青色”“青袍”“青衫”的界定，还是绘画作品中，我国传统“青绿山水”“水墨丹青”的特有元素，抑或是文学作品中对“青山”“青天”“青石”的描写，我们都能从中感受到古人对于“青”的钟爱。在多达数百种的传统中国色中，青色对于国人似乎有着特别的意味。

说到中国古人对“青”的偏爱，不能不提到中国古代绘画。

传统的中国画，古时又称“丹青”，古人把画家称为“丹青手”，把优秀画家称为“丹青妙手”，民间画工则称为“丹青师傅”。而在中国传统山水画的诸多门类中，最为人称道也堪称将青色发展到极致的一种山水画品类是“青绿山水”。

青绿山水始于唐代，相传著名画家展子虔始创青绿山水样式，故其被誉为“唐画之祖”。之后李思训和李昭道父子更是将青绿山水推

图 6-2 《千里江山图》（局部）

到了盛唐画坛最受欢迎的绘画门类，父子二人被后世合称为“大小李将军”，李思训更是被誉为山水画“北宗”之祖。

在流传至今的古代青绿山水画名作中，今藏故宫博物院、由北宋画家王希孟创作的《千里江山图》知名度最高。

该画绢本设色，纵 51.5 厘米，横 1191.5 厘米。画以近 12 米长的长卷形式，细致入微地描绘了层峦起伏的群山、烟波浩渺的江河，构成了一幅美妙的江南风光画卷。画中层峦叠嶂，逶迤连绵，气势辽阔；又有渔村野市、茅庵草舍、水榭楼台、各种人物，布局井然有序，意态栩栩如生。画中主要采用石青和石绿二色，绚丽的青绿色调交相辉映，描绘了千里江山的锦绣恢宏。

2022 年，由河南卫视以《千里江山图》为创作灵感创作的舞蹈诗剧《只此青绿》登上中央广播电视总台虎年春节联欢晚会，甫一亮相，即惊艳国人。

古人对青色的喜爱，还反映在古代的服饰文化中。曾几何时，青色服饰在古代也一度独领风骚。清代青色系服饰种类大致有蓝色、月白、品月、宝蓝、石青、绿色、碧色、缥色、青莲、雪青、元青、苍青等。清代以前的服饰，因织物易腐难以保存，故实物甚少，但仍可从古代人物画中找到青色服饰的具体形制，如五代顾闳中《韩熙载夜宴图》中穿碧色、石青、绿色、缥色的侍女、乐伎和舞姬，《宋仁宗后坐像轴》中身穿正青色翟衣的皇后。

当然，回到本书的主旨，若说中国古人对青色的喜爱，最典型的恐怕就是从东汉成熟瓷器烧造成功以来，最主流的瓷种单色瓷，而在单色瓷中，又是青瓷一枝独秀了。

元明清三朝，由于西方釉料的引进，青花瓷横空出世，成为最出名的工艺品，并一举改变了过去青瓷统领天下的局面。不过说到这个青花瓷，它的名字里不也有个“青”嘛。青花瓷，又称白地青花瓷，

图 6-3 明万历青花折枝花纹提梁壶

是一种白地蓝花的高温釉下彩瓷器。

考古发现，青花瓷自唐就有，经千年不衰，如今更是成了中国瓷文化中最具代表的品类之一，方文山在歌曲《青花瓷》中一句“天青色等烟雨，而我在等你”，道出了古时天青色的青花瓷是一色难求。

通过以上的回溯可以发现，中国古代的审美呈现雅俗两个不同层面的倾向。一方面，中国民间审美趣味通常围绕“福禄寿喜”这一核心，民俗文化很重视红色、金色、翠绿等鲜艳的颜色，特别喜欢五彩斑斓，追求吉祥、喜庆、平安，最典型的代表就是“杨柳青年画”“桃花坞年画”等。这种审美趣味包含了对世俗生活的美好愿望。

但在另一方面，在一些高雅艺术（包括文学、绘画、服饰、文人瓷器）中，青色的运用却很广泛。有人从色彩心理学角度分析，青色在色谱中覆盖范围很广，主体部分是属于冷色的物理属性，青色所传达出来的冷静、柔和、安详、深沉、朴素的色彩感受，予人以安静淡泊之感，更多被视为精神层面的反映。可以说，青色蕴含着中国文人的思想情志。

关于“古瓷尚青”，现代人又从科学角度提出了新的见解。

从审美角度看，古人最初对瓷器釉色选择的倾向性是受视觉器官的生理特性支配的。生物学的进化理论揭示，动物各器官的生理功能是在漫长的演进过程中对环境适应的结果。作为日行性杂食动物的原始人类，在千百万年的进化历程中，尽管各个种群生活的环境千差万别，但呈现在他们眼前的总是葱郁的林木、娇绿的草地、青翠的山峦、蔚蓝的天空、苍碧的河海，因此，他们的眼睛就适应了环境的青绿色调，这种适应性通过基因遗传的方式被固定了下来。现代人类的眼睛仍然完全保留着这种永恒不变的视觉特征。

科学研究表明，人眼在明亮处对波长为 555 纳米的绿色光最敏感，在黑暗处则对波长为 507 纳米的青色光最敏感。而历代青瓷的分光反射率峰值恰好波动在 450—600 纳米的波长范围之间。由此可知，人们对青瓷的尚好，实际上反映了视觉器官的生理本质需求，也体现了人类对美丽大自然的依恋之情。

自然界中的“青”是丰富多彩的，它具有无数个由深至浅、由暖到冷的色阶，这是用语言文字所无法准确表达的。因此，人们常以一个中性的“青”来形容由蓝到绿的各种颜色。有时青则蓝，有时绿则青。现代散文家、诗人朱自清在《绿》一文中写道：“大约潭是很深的，故能蕴蓄着这样奇异的绿，仿佛蔚蓝的天融了一块在里面似的，这才是这般的鲜润呀。——那醉人的绿呀！”

由此可见，有时甚至处在色阶两端的蓝与绿亦可合而为一。既然对青绿之色的喜爱是由人的自然审美意识决定的，那么，它所包含的就不是简单的光学上的东西了，而是大自然中的青绿色与人类心中最美好的希望相交织、相融合的产物，这便是人们脑海里那个稍纵即逝而又永远美丽芬芳的春之梦。

“千峰”与“湖绿”

青瓷的诞生，并非一蹴而就之事，而是经历了一个相当漫长的历程。

研究表明，瓷器文化的胚芽是在制陶的土壤中徐徐萌动的。不过，它既不源于装饰艳丽的彩陶，又与工艺精湛的“蛋壳陶”无涉，也不是洁白典雅的白陶产物，而是脱胎于古拙质朴的印纹陶。

印纹陶在中国陶瓷史上是一个特殊的品种，在新石器时代的末期就已在东南地区兴起，并广泛流行。它以含铁量较高的黏土为原料，因烧成温度不同，胎色呈赭褐色、深黄色、深灰色。其纹饰系拍印而成，故名印纹陶。

图 6-4　春秋印纹陶罐

在公元前 2000 年左右，由于烧成温度的提高，在中国东南地区的某些印纹陶上出现了极薄的光亮层，即所谓的“自然釉”，这种玻璃质的光亮层对釉的发明有着重要的意义。从此，原本形貌粗陋、颜色灰暗的印纹陶，开始渐渐披上一层晶莹闪亮的外衣。因其制作工艺较粗，烧制程度较低，故被称作“原始瓷”。

所谓原始瓷，它其实已经具备青瓷的诸多必要元素，判断是瓷器还是陶器，通常有以下标准：

一是瓷器用瓷土作胎，包括瓷石、高岭土、白坩土、紫金土等。陶器一般用陶土。

二是烧造温度有所不同，瓷器胎体烧结所需窑温通常在 1200 摄氏度以上，陶器一般在 1000 摄氏度以下。

三是瓷器表面施有高温烧成的玻璃质釉，陶器一般无釉或仅施有

图 6-5　春秋原始瓷鉴

低温釉。

四是瓷器不吸水，叩之有清脆的金属声。陶器多半吸水，叩之声音喑哑。

五是瓷器胎色白或偏白，陶器胎色则较丰富，如红、灰、黑等。

六是瓷器胎质具有透明或半透明性，即薄层和透光。陶器一般薄层不透光。

由于原始瓷具有不吸水、不易沾染污垢而且耐酸碱腐蚀等优点，故而它一出现就显示了强大的生命力。尽管早期原始瓷质地粗糙，其貌不扬，它却是后世与人类日常生活关系最密切的各类瓷器的鼻祖。从这个意义上讲，在公元前17世纪左右，在世界遥远的东方，就已闪耀出瓷器文明的曙光。

图6-6　春秋原始瓷鸟盖熏

西周时期，原始瓷的生产仿佛山洪倾泻一般迅速形成了汹涌澎湃之势。从装饰风格看，这一时期的原始瓷还明显地带有印纹陶的痕迹，但是这一时期的素面产品比商代增多，而且釉的配制技术也有所提高，釉色波动减小，釉质比较清纯。

又经过几代窑匠的努力，大约到春秋后期，原始瓷开始进入了一个新的发展时期，器物成型规整，胎质细腻，呈灰白色，表面施一层薄釉，明净光润，多为青黄色。这表明釉是在熟练控制的弱还原焰中烧成。显而易见，到了春秋后期，原始瓷开始与印纹陶分道扬镳了。

到了西汉时期，浙江曹娥江中游的上虞一带原始瓷生产形成规模，产品主要分青釉和黑釉两类。从考古发现看，西汉原始瓷在上虞一带出土很多，这类原始瓷器体硕大，胎骨厚重，造型端庄雄浑，一派大汉帝国的恢宏气势。

这一时期的器物，仅在口、肩等处的仰面上施釉，釉色多呈青绿和青黄。透过这些新颖别致的原始瓷可以看到，当时的窑炉结构有了很大的改进，否则是烧不出这类大件器物的，这就为成熟瓷器的出现创造了条件。一个在瓷器发展史上具有历史意义的时期即将来临。

20 世纪 70 年代末，考古人员在绍兴上虞上浦镇石浦村四峰山南麓作野外调查，在一个叫小仙坛的地方，发现了东汉时期的瓷窑址和地上满布的瓷碎片。这些瓷片釉色光润，胎釉结合紧密，吸水率极低，叩之有清脆的金属音，完全符合成熟青瓷的标准。小仙坛遗址由此名噪天下，浙江最早的青瓷在此诞生。

小仙坛遗址的发现，证明东汉时期曹娥江中游的青瓷已达到成熟瓷器的标准，从而结束了由陶到瓷的漫长历程，开辟了瓷器生产的新纪元。因为这一带为古越人所居之地，故而这个窑系也习惯性地被后世称为“越窑”，越窑青瓷亦从此成为先进制瓷技术辐射性传播的源泉。

东汉创烧的成熟青瓷，大多采用浸釉法上釉，釉层相对较厚，釉面平整光润，不少器物在还原气氛中烧成，釉呈现出清纯的青色或青绿色，并具有玻璃般的透明度。

有的学者在显微镜下观察了这种晶莹优雅的釉之后，用“一泓清水”来形容它的美感。不过，若将“清水”改为“春水”或许更为贴切，这不仅是因为这种釉正如春水那样的美丽，而且它昭示着制瓷业第一个春天的来临。

虽说东汉青瓷已臻成熟，但在烧成工艺方面还不是十全十美的，到三国两晋时，由于烧成气氛已能被娴熟地掌握，故瓷器大多呈现出青润的色泽，于是便惹得文人雅士交口称赞。

当时一位大名鼎鼎的文人潘岳在《笙赋》中写道：“披黄包以授甘，倾缥瓷以酌酃。”“黄包”就是柑橘，而“酃”原指用酃湖水酿制的酒，后来则成为美酒的泛称。这句话的意思为：“打开柑橘而分给别人吃，倾斜着缥瓷酒壶而斟倒美酒。”可见，青瓷在三国两晋时期被称为“缥瓷”。

汉《释名》一书谓缥“有碧缥，有天缥，有骨缥，各以其色所象言之也”。“碧缥”指的就是像青玉一样的青绿色，“天缥”即天青色，“骨缥”则为青黄色。

在汉人所写诗文中，时常可以见到“缥”字。王褒的《九怀·通路》云：“翠缥兮为裳。”王逸注：“衣色瑰玮，耀青葱也。”蔡邕在《翠缥》诗中写道：“回顾生碧色，动摇扬缥青。”这里所谓的“翠缥”和“缥青”，

图 6-7　东汉越窑青瓷罐

图 6-8 西晋越窑盘口壶

指的是鲜艳夺目的青翠色。刘安的《淮南子·人间训》云："爝火在缥烟之中。"此句中的"缥"字又可释为青蓝色。

综观汉魏时的各类文献，可以看到，"缥"字的含义是青绿、青黄、深青、青蓝。但《说文解字》云："缥，帛青白色也。"由此可见，当时的人将青瓷的釉色与青绿色的丝织品相媲美。

然而，这种苍碧素雅的透明薄釉在其发展过程中总是因时因地出现一些变化，其中将这种釉色之美推向极致的是唐五代的越窑。原料的精细加工以及用匣钵装烧坯件，使唐五代越窑青瓷的釉质更为细腻纯净，釉的发色均匀而润泽，因而备受世人的喜爱，文人墨客纷纷不吝赞美之辞，在诗文中咏之叹之。

唐诗人陆龟蒙的《秘色越器》将这种青润的釉色誉为"夺得千峰翠色来"，五代人徐夤则在《贡余秘色茶盏》一诗中称其"捩翠融青瑞色新"，并不惜用一连串贴切的比喻，"明月染春水""薄冰盛绿云""古镜破苔""嫩荷涵露"，把越瓷的釉色描述得犹如美女簪花。

若对这首令人荡气回肠的佳作细加咀嚼，便能体会出一个"静"字来，如"明月"与"春水"的组合，分明就是静的意境。"薄冰""绿云"散发出来的是万籁俱寂的冬夜的气息。

而将宁静之意隐喻得恰到好处的则是那个“苔”字。“古镜”本为无声之物，它那斑斑锈迹宛若青苔，这就更增添了静谧的气氛。唐代文人刘禹锡的《陋室铭》有“苔痕上阶绿，草色入帘青”之句，这都是用青苔来表示清幽寂静的绝妙之言。

有道是：“智者乐水，仁者乐山。”陆龟蒙在赞美越瓷时，首先想到的是“千峰”，时隔千年，率先对上林湖窑址进行考古调查的陈万里先生，在为越瓷之美倾倒时，首先想到的是“湖水”，他形象地把越瓷的釉色称作“湖绿色”。如果他对越窑窑址作一番巡礼，就会发现越瓷的釉色与远处的山峦和湖水的颜色非常接近，仿佛是把山水之色溶化后做成的。那么，爱青瓷的人必定爱大自然，而爱大自然的人又必定是智者和仁者了。

越窑衰落后，耀州窑和龙泉窑将烧制这种山水之色的青瓷的历史延续了很久，虽然这些窑的同类青瓷再也没能越过当年越窑所达到的顶峰，但窑匠们却锲而不舍，孜孜求索，俨然是美的使者，把大自然优雅的青绿色融入晶莹的釉层里，又把这种凝聚着大自然灵魂之色的青瓷融入人类的文明之中。

与碧玉争妍

唐五代是越窑空前繁荣的时期，窑匠们以其神奇精妙的构思和炉火纯青的技艺，烧制出无数造型别致、装饰靡丽、釉质青润的瓷器，成就了后世再难逾越的高峰。尤其是五代吴越国时期，为了进贡中原朝廷，更是精心烧制越窑青瓷的顶级产品——秘色瓷。

关于“秘色”含义的纷争，在本书第一章中已有探讨。其中有一个观点，未及深入展开，其实还是值得探讨一下的，即有人认为，所谓“秘

图 6-9　五代越窑青瓷瓜棱盖罐（临安区吴越文化博物馆藏并供图）

色”最初当作“碧色”。

持这种观点的人认为，“碧”与“秘”古音相同，当越窑烧制出碧玉般的瓷器并销往各地时，令人惊叹不已，以为神奇，故讹写为“秘色”。同时，越窑精品生产的历史又总是与越窑进贡的历史交织在一起，所以后人将“秘”理解为“秘密”之意，也就很自然了。于是“秘色”的本来面目就被世人的讹传和附会掩盖了。

事实上，清人蓝浦《景德镇陶录》在谈到其他各窑的青瓷时，也常用“碧”字作比喻，例如：“官窑、内窑、哥窑、东窑、湘窑等色青，其青则近淡碧色。”碧是分布较广的一种青色玉石，有由浅到深的许多色阶，用它制成的玉器，青莹滋润，典雅华贵，深受世人喜爱。而历代青瓷精品往往具有这种“碧色”之美。

北宋汝窑的青瓷，釉层丰润，宝光内蕴，金人赵秉文的《汝瓷酒尊》诗云：

秘色创尊形，中泓贮醁醽。

缩肩潜蝘蜓，蟠腹涨青宁。

巧琢晴岚古，圆瑳碧玉荧。

银杯犹羽化，风雨慎缄扃。

诗中不仅称之为“秘色”，而且用“碧玉”来形容它的色泽。

就连高丽（朝鲜半岛）受“越州古秘色、汝州新窑器”影响而生产的青瓷，也被誉为“高丽秘色”。徐兢《宣和奉使高丽图经》中讲到“其余则越州古秘色、汝州新窑器，大概相类”，把高丽青瓷与越州古秘色、汝州新窑器相提并论。在徐兢看来，汝州新窑器和高丽青瓷都是与越窑秘色瓷风格一样的。太平老人《袖中锦》则直接将其称为高丽秘色：“……高丽秘色，皆为天下第一，他处虽效之，终不及。”

由此可知，越窑烧造的秘色瓷，成了后世青瓷烧造的标杆，是优质高档青瓷的代名词，秘色瓷变成了“国家标准”。不管是晚唐水丘

图 6-10　五代越窑青瓷浅盘（临安区吴越文化博物馆藏并供图）

氏墓出土的秘色瓷，还是五代康陵出土的秘色瓷，再到耀州窑五代时期生产的刻“官”字款乳浊釉产品，北宋时期的汝窑，南宋早期越窑低岭头类型产品、南宋郊坛下官窑、龙泉窑黑胎青瓷产品等，尽管不同时期各窑有不同的特点，各地胎料的不同导致产品的风格也有一定的差异，但其所追求的目标是一致的，这些产品属于不同的时代和不同的窑场，但釉色非常接近，也基本上没有装饰纹样。古人把它们归为一类，即秘色瓷，它们都属于一个秘色瓷的系统。

除了对釉色的极致追求，越窑青瓷的另一大特色是“类玉”，即晶莹的釉层有玉的质感，堪与碧玉争妍。这其实也有深层的意义可以发掘。

中华民族是世界上最早认识玉、使用玉的民族，素有“玉石之国”的美誉。中国古玉发掘和收藏数量之多、年代之久远、工艺之精湛，都堪称世界之最，素有“东方玉国”之誉。

晶莹璀璨的玉器，是中华民族古代文明的象征之一。中国人的文化心理，包括“天人合一”“致中和”的哲学观念，“温柔敦厚”、文质并重的美学观念，重气节、重操守的道德观念，都可以在玉的审美属性中找到与之对应的东西。

从考古发现来看，远在七八千年前的新石器时代已有玉的踪迹可寻。综合迄今为止各地史前文化遗址的发掘和研究情况来看，北自辽河流域、南迄广东、西起甘肃、东至浙江的新石器时代遗址均有玉器发现，即如辽河流域的兴隆洼文化与红山文化、黄河流域的龙山文化和太湖流域的良渚文化，虽然每一个文化出土玉器的情况各不相同，但史前时期玉器发现区域之广泛，足以证明中华民族即使是在蒙昧时代，用玉就已经有了一定的普遍性。璀璨多姿的玉器为原始文明的曙光增添了一抹温润迷人的光辉。

与中国人用玉、爱玉、尊玉的习惯相呼应，早期中国典籍对玉的记述和评价也极为丰富和详尽。相传为儒家学派后人记述孔子所传有关三代历史典章制度的《礼记》中，对玉有一系列记载：

> 夫昔者，君子比德于玉焉。温润而泽，仁也；缜密以栗，知也；廉而不刿，义也；垂之如坠，礼也；叩之其声清越以长，其终诎然，乐也；瑕不掩瑜，瑜不掩瑕，忠也；孚尹旁达，信也；气如白虹，天也；精神见于山川，地也；圭璋特达，德也；天下莫不贵者，道也。诗云，言念君子，温其如玉，故君子贵之也。

中国古代文化偏重于伦理，西方古代文化偏重于思辨，上述这一段话就是从伦理文化的角度，把玉的自然属性和社会属性巧妙地联系在一起，系统地阐述了玉的功能和地位，历代被人奉为圭臬。故而在孔子那个时代，形成了“君子无故，玉不去身”的社会习惯，后来的《三字经》还把“玉不琢，不成器”一语作为教育的一条指导方针。

成书于东汉的《说文解字》是中国古代最权威的文字学著作，作者许慎对玉下了一个定义：“玉，石之美者，有五德。”并在孔子论述的基础上，又重新作了一番归纳：

> 润泽以温，仁之方也；鳃理自外，可以知中，义之方也；其声舒扬，专以远闻，智之方也；不挠而折，勇之方也；锐廉而不技，洁之方也。

从中不难看出，在时代前进了300年之后，许慎对玉的自然属性的把握，比起孔子时代更加集中、更为准确了，但把玉的自然属性和社会属性比附在一起，还是依然故我。

除了对玉的赞美和称颂以外，最值得注意的是《越绝书》中对上古社会的有关描述：

> 轩辕、神农、赫胥之时，以石为兵……黄帝之时，以玉为兵……禹穴之时，以铜为兵……当此之时，作铁兵，威服三军。

在石、铜、铁三种可以划分时代的物质文化中，插入了“玉兵”这个阶段，这是很值得回味和令人思索的，以至于学术界有人据此提出了“玉器时代”一说。无论如何，这至少说明古代人对历史上曾经有过的盛行玉器的风气，是有所认识的。

现今的中国人，常常喜欢把某一类社会现象及其变化的轨迹称为“文化”，乃至饮茶有茶文化，喝酒有酒文化。如果说，用“文化”来概括某一种饮食方式和习惯尚且不算牵强附会的话，那么，把中国人沿袭了七八千年的用玉、爱玉、尊玉的共同心理和习尚称为“玉文化”，则更加是题中应有之义了。

在方块汉字中，凡是用“玉”作为偏旁的，如珍、瑜、珠、瑾，无一不是美好圣洁之物；和玉字组合起来的名词，如玉人、玉女、玉貌、玉音，更是渗透着人的爱慕和敬崇之情；带有“玉”字的成语，若冰清玉洁、粉妆玉琢、金风玉露、锦衣玉食，也都蕴含美好的寓意。千百年来，这种情况几乎没有任何变化。

中国人用玉、爱玉、尊玉，不是某个人或某朝某代的个别现象，而是从新石器时代中晚期就开始的、持续不断的、大规模的群体行为，它已经深深渗入民族的精神和心理之中。正如近代地质学家章鸿钊在《石雅》中所说：“夫玉之为物虽微，使能即而详焉，则凡民族之所往反，与文化之所递嬗，将皆得于是征之。”中国人“玉文化”传统之深厚，

图 6-11 玉琮王

于此可见一斑。

中国人对玉的喜好，也折射在越窑青瓷的烧造上。受我国儒家思想的影响，“言念君子，温其如玉”，“有匪君子……如圭如璧”，君子以玉喻德的经典比比皆是，“君子必佩玉”“君子无故，玉不去身”等说法，也印证了君子和玉的关系。由此可见，在古代传统观念中，对“玉”的界定，恐怕早已远远超越了“石之美者”的定义，更多地赋予“玉”高贵的品格，将治玉与修身紧密相连。

这一“玉德”的观念也深深地影响了古代先民，在瓷器的发展过程中，也渐渐将玉的特征赋予了青瓷，表达了对美好事物的向往。这就可以解释为什么以越窑青瓷为代表的古代青瓷烧造，要将釉色烧造得如何晶莹滋润、酷似玉的质感，以至于唐代茶圣陆羽会在《茶经》中对越瓷赞不绝口，称其“类玉”“类冰”了。

“无中生水”之妙

有一种瓷，当你看到它时，就宛如春风拂面，又好似在葱翠的山涧里沐浴着清澈的泉水。此时，它们似乎已经不是人造之物，而成了大自然中不可缺少的精灵，是绿的代言、春的使者。这就是堪称青瓷之巅的越窑秘色瓷。

过去，人们没有见过秘色瓷实物，只能根据古代文人墨客在野史笔记中的文字描述，肆意展开自己的想象。没想到地不爱宝，在 1987 年法门寺地宫的发掘中，考古人员在其中一个包裹中发现了 13 件精美的瓷器，后来对照地宫出土的物帐碑记载——唐懿宗“恩赐……瓷秘色碗七口，内二口银棱，瓷秘色盘子、碟子共六枚”，经专家核实考证，它们居然就是千百年来世人苦苦寻觅的秘色瓷！

法门寺唐塔地宫出土的这批秘色瓷，器形极其规整，造型简洁明快，釉色青绿葱莹，晶莹润泽。釉面光滑，釉层均匀，釉质莹润，予人以高雅柔和、素洁明快之感。

最令人感慨惊叹的是，这些器物巧妙的凹底器形设计。在光线照射下，瓷碟内明澈清亮，如雨后的春草，又似盛满的碧波在荡漾，呈现出一种“无中生水”的视觉奇观，令人叹为观止！

其实也不仅是法门寺地宫的秘色瓷精品具这样神奇的视觉效果。当法门寺地宫出土的这些秘色瓷“标准器”重见天日后，人们恍然发现，在之前的考古发掘中，已经有不少秘色瓷悄无声息地露面了，只是当时人们还不敢下这个结论而已。

比如苏州虎丘云岩寺塔天宫内出土的越窑青瓷莲花碗，又比如宁波和义路唐码头遗址出土的越窑青瓷荷叶盏托，还有 1980 年临安水丘氏墓出土的三件重器——越窑秘色瓷褐彩云纹熏炉、越窑秘色瓷褐彩云纹盖罂和越窑秘色瓷褐彩云纹油灯，都有这种前人所谓“其式似越窑器，而清亮过之”的审美效果。此外，在吴越国都城杭州和钱镠故乡临安先后发掘了钱氏家族和重臣的墓七座，其中有杭州市郊玉皇山麓钱元瓘墓、杭州施家山钱元瓘次妃吴汉月墓、临安功臣山钱元玩墓等，也都出土了一批具有代表性的秘色瓷。

通过观察会发现，这些秘色瓷中，尤其碗、碟之类的造型，都有类似这种“无中生水”的视觉效果，只是程度强弱不同而已。这引起了人们的研究兴趣：为什么会这样？

考古人员经过细致的观察对比，找到了原因所在：具有这种“无中生水”视觉效果的秘色瓷有一个共同特点，即器底部均为“凹底”。

所谓“凹底”，是指瓷器底部外侧向内侧凹进，出现一个窝状。在考古专业术语中，就管这种器底形状叫“凹底”。有了这个“凹底”，人们在从瓷器口沿处向下观看时，瓷器底部形成的这个微小的弧面，就如同“凸面镜”，对光有发散作用。

图 6-12　法门寺地宫出土的琉璃盏（法门寺博物馆藏）

以碗、碟器的底部最亮处为中心，光的亮度沿着底部表面逐层展开，直到底部与腹壁相接处。因此，碟内才有了类似波光粼粼的水感。由此可知，设计巧妙的凹底器形是秘色瓷“无中生水”的真正原因。

巧合的是，在法门寺地宫中同时出土了20件琉璃器，其中一件蓝色素面琉璃盘的造型也是凹底。该盘通体蓝色，半透明，在光的照射下，它也有着与凹底的秘色瓷盘、碟同样的“无中生水”的美感，且这种“水感”非常强烈。这也再次证明了设计巧妙的凹底器形是秘色瓷“无中生水”的真正原因。

前文中曾多次引用的五代诗人徐夤那首《贡余秘色茶盏》诗中，有“巧剜明月染春水，轻旋薄冰盛绿云”句，原本我们只是觉得其文笔优美、想象空灵而已，待见到这些秘色瓷实物，才着实令人感慨：这简直就是为秘色瓷量身定制的绝妙好辞啊！不但观察细致，描摹入微，而且如此精准又文采斐然。

静止器物上，有不息生机。

陆

美轮美奂——秘色瓷的造型

岁月的清流激湍把古昔的事物冲刷得无影无踪，然而在土与火凝成的精灵——不朽的青瓷上，时间却又永恒地凝固了。无论在考古发掘现场，还是在博物馆静谧的展柜中，那些千姿百态的青瓷佳作，以它们美轮美奂的造型向今人展示着那些早已逝去的遥远而又富有传奇色彩的时代。

唐五代时期偏处东南一隅的吴越国，以生产精美的贡瓷秘色瓷闻名天下。这些顶级青瓷精品不仅以其晶莹润泽、青翠欲滴的釉色打动世人，其千态万状、匠心独运的造型也令世人称叹不已。

无论是水丘氏墓出土的硕大的褐彩云纹熏炉、盖罂，还是宁波和义路唐码头出土的青瓷荷叶盏托，又或是苏州虎丘云岩寺塔出土的青瓷莲花碗，更遑论陕西法门寺地宫出土的秘色瓷五瓣葵口碗、盘、碟……它们无不以迥异于金银器的清雅平和的审美趣味进入文人雅士的视野，融合在诗词文赋营造的晚唐语境里，成为中国陶瓷史上一抹格外清丽的色彩。

越瓯荷叶空

说到秘色瓷的造型艺术这个话题，首先要从唐五代越窑青瓷的器形种类说起。

从考古发现来看，唐五代越窑显然达到了其历史巅峰时期。最突出的表现就是青瓷器皿种类丰富，可分为几十类，有上百种样式。从类别上分，主要可分为饮食器皿、文房陈设、妆奁之器、卫生洁具等。在林林总总的器类中，又以饮食器皿占大宗，这也很好理解，“民以食为天”嘛。

这些青瓷饮食器皿大体包括碗、盘、碟、钵、瓯、匙、釜、渣斗、瓶、壶、罂、托杯、盅等。如果你有机会去唐五代时期越窑窑址现场观察一下，会发现那满山满谷堆积的废弃瓷片中，能辨识出得最多的器形就是这些饮食器具，由此可见到了唐时，青瓷器已成为当时最主要的饮食器具。

在唐五代越窑青瓷饮食器皿中，形制最丰富的当属青瓷碗了。

别的不说，单是碗底，就有玉璧底碗、矮圈足碗、平底碗这样几种，从口沿造型看，又有荷花形碗、荷叶

图 7-1　唐越窑青瓷五出花口碗
（临安区吴越文化博物馆藏并供图）

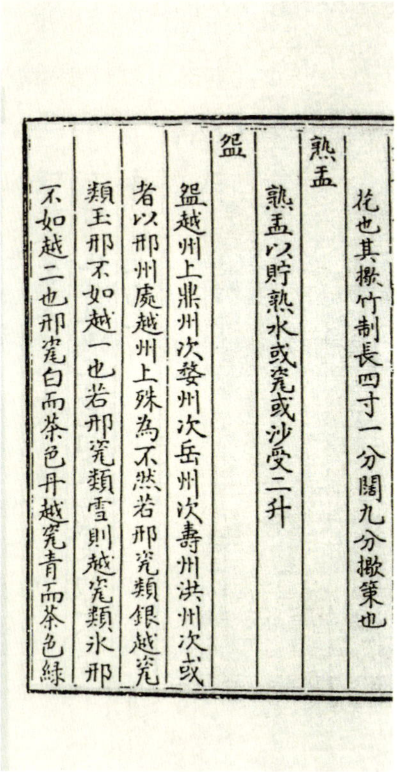
花也其撤竹制長四寸一分闊九分撤策也
熟盂
熟盂以貯熟水或瓷或沙受二升
盌
盌越州上鼎州次婺州次岳州次壽州洪州次或
者以邢州處越州上殊為不然若邢瓷類銀越瓷
類玉邢不如越一也若邢瓷類雪則越瓷類冰邢
不如越二也邢瓷白而茶色丹越瓷青而茶色綠

图 7-2　陆羽《茶经》对越窑瓷器的赞美

形碗、菱形花口碗等。从装饰工艺看，有平素无纹者，有刻划花者，也有釦金髹漆平脱者，不一而足。

玉璧底碗恐怕就是陆羽《茶经》中所谓之“瓯”：“瓯，越州上，口唇不卷，底圈而浅，受半升以下。”越窑青瓷瓯轻巧规整，真如唐代诗人皮日休《茶中杂咏·茶瓯》诗中所谓“圆似月魂堕，轻如云魄起”。而荷花碗、荷叶碗、菱形花口碗等，则在釉下饰以线条简练的划花，又恰如唐诗人孟况《凭周况先辈于朝贤乞茶》诗中所谓的“蒙茗玉花尽，越瓯荷叶空”。

唐五代越窑青瓷碗中，有一些特别精美绝伦的器物，显而易见应当归入秘色瓷范畴的，如苏州虎丘云岩寺塔天宫出土的青瓷莲花碗、宁波和义路唐码头出土的青瓷荷叶盏托等，应该都是当时的饮茶之器。

茶具的盛行与饮茶之风大盛有关。在中国茶文化发展史上，唐代是一个非常独特的阶段。

中国是茶的故乡，从考古发现来看，早在新石器时代已有关于茶的踪迹可寻。2000 年，考古人员曾在湘湖底下的萧山跨湖桥遗址发掘出一颗 8000 年前的类山茶科茶籽化石。2004 年，考古人员又在宁波田螺山遗址发现了几株具备人工培植特征的茶树科植物。

虽然不能据此就作出早在茹毛饮血的原始时期人类就已开始种茶

喝茶的结论，但这些考古也同时证明，中国作为茶的原产地，茶的历史渊源是非常久远的。

据说成书于秦汉时期的《神农本草经》（一说成书于春秋战国时期）曾记载，神农尝百草，日遇七十二毒，得荼而解之。这个“荼”就是最早的茶字，从这个记载看，茶最早进入人类的视野，可以追溯到距今5000年左右（神农氏即传说中的炎帝，他生活的年代，大约相当于新石器时代中晚期）。

不过从现今的考古调查来看，最早的野生茶树大多生长在中国西南，今云贵川一带。所以明末清初思想家顾炎武在《日知录》中的推断是可以成立的：“自秦人取蜀而后，始有茗饮之事。”也就是说，随着秦统一中国，原产西南的茶叶才向全国大范围地推广。

结合文献记载和考古实物印证，可以确认饮茶之俗自两汉时始。西汉文人王褒《僮约》中有“烹荼尽具”“武阳买荼”的记载，证实汉代已有煮茶之俗，甚至有了专业的茶叶市场。1990年，浙江湖州一座东汉墓中出土一个青瓷罐，肩部刻有一个“荼”字，这也是迄今发现的最早的自铭茶器。

虽说汉代开始有饮茶之俗，但真正的茶道大兴还是在唐代。唐人封演的《封氏闻见记》记载：“城市多开店铺，煎茶卖之。不问道俗，投钱取饮……于是茶道大行，王公朝士无不饮者。”

唐代饮茶风靡天下，也体现在文人墨客的诗赋里。翻开唐诗来看，关于饮茶的诗篇俯拾皆是。唐人饮茶流行“煮茶法”，即将茶饼碾碎过罗，在釜中煮沸，再用盐调味，盛进碗里分饮。唐诗中有不少这方面的描写，如“旋沫翻成碧玉池，添酥散出琉璃眼”（李泌《赋茶》），“闲来松间坐，看煮松上雪”（陆龟蒙《奉和袭美茶具十咏煮茶》），“远访山中客，分泉谩煮茶”（戴叔伦《春日访山人》），“将火寻远泉，煮茶傍寒松”（王建《七泉寺上方》），等等。

“器为茶之父”，茶风既兴，也推动了茶具的发展。到了中唐之时，不但茶具门类齐全，而且讲究茶具质地，注意因茶择具，这在茶圣陆羽的《茶经》“四之器”中有详尽记述。

陆羽在《茶经》中，对越窑茶具甚为推崇，将其评为第一等，“碗，越州上，鼎州次，婺州次”，称越瓷茶具“类玉”“类冰”，“越瓷青而茶色绿……青则益茶”。

唐五代时期，饮茶器具除了碗之外，还有瓯、盏和茶托等。瓯就是以往所称的“玉璧底碗”，前文已述及。盏一般器腹较深，有的饰莲瓣纹，有的饰萱草纹，与之配套的器具是盏托。

越窑青瓷茶具釉色翠美，精致绝伦，博得众多文人雅士的交口称赞，屡屡见之于诗文。如孟郊《凭周况先辈于朝贤乞茶》诗中即有“蒙茗玉花尽，越瓯荷叶空”之句，又如顾况《茶赋》中有“舒铁如金之鼎，越泥似玉之瓯”句。另有施肩吾《蜀茗词》，诗中有“越碗初盛蜀茗新，薄烟轻处搅来匀”句。皮日休《茶中杂咏·茶瓯》诗则云：“邢客与越人，皆能造瓷器。圆似月魂堕，轻如云魄起。”

孟郊诗中所谓“蒙茗玉花尽，越瓯荷叶空”，在考古发掘中还真得到了实物的印证。1957 年在苏州虎丘云岩寺塔三层天宫中发现的唐代秘色瓷莲花碗，可以说就是“越瓯荷叶空”这一诗句最真实的实物印证。

这种下面带托的茶碗，也称盏托。关于它的由来，也有一个传说。

李匡乂《资暇集》记载，盏托始于唐代宗宝应年间。其时，成都府尹崔宁生活十分讲究。其女喜欢饮茶，但茶盏注入茶汤后，端茶时易烫手，深感不便。有一天，崔宁女灵机一动，把蜡烤软，做了一个大小与盏底相同的蜡环，放在碟子上，再将茶盏置于环内。这样端着茶盏饮茶，既不烫手，又不会使茶盏倾倒。这个办法甚妙！

所以后来她就让漆工按这个样式做了一个漆托，用来置盏饮茶，其父崔宁见了十分高兴。因是用来托茶盏的，这种碟子就被称作“托”。从此以后，叫法逐渐流传开来，人们“愈新其制，以致百状焉”。

传说固然生动，不过从考古发现来看，类似的器具其实早在汉代就已出现，到魏晋南北朝时，茶盏托已经很有地方特色了。中国茶叶博物馆即收藏了一件南朝的青釉荷花纹盏托，上面还点有褐彩装饰。

发展到唐五代时期，越窑生产的青瓷盏托愈加精致，偶有发现，都是精品。现为宁波博物馆镇馆之宝、1975 年出土于宁波和义路唐大中二年（848）墓的青瓷荷叶盏托就是最好的例子。

在文人墨客的笔下，莲花“出淤泥而不染”，常被看作是洁身自好的象征。因此，仿荷作盏，以茶怡性，反映了古人的追求。这件荷

图 7–3　唐越窑青瓷莲瓣纹托子（浙江省博物馆藏）

叶盏托的造型端庄清丽，有强烈的装饰之美，予人以庄重中不失秀美之感。

浙江上虞出土的一件五代越窑青瓷茶盏托设计也别具匠心。这件茶托由托座、承盘、圈足三部分组成，窑匠将托座做成莲蓬状，四周围以凋谢的莲瓣，借此表达“绿肥红瘦”的夏意以助茶兴。

1987 年法门寺地宫出土的 13 件秘色瓷器中，有碗 7 件，应该也是茶具。其中五瓣葵口高圈足碗，素面侈口，口沿五曲，通体施青釉，釉层均匀凝润，侧视如一卷荷叶，壁斜而口沿外翻。

瓷罂无谢玉为缸

有唐一代，上至王公巨卿，下至贩夫走卒，不仅嗜茶，而且好酒。至于文人墨客，更对酒情有独钟。翻开卷帙浩繁的唐诗文集，对酒的咏赞比比皆是。甚至有这样一种说法，唐代酒与诗的完美邂逅，醉了整个盛唐。

说到唐人的饮酒诗，王翰的《凉州词》一向被视为胆略不羁、豪迈悲壮的饮酒诗代表。诗云：“葡萄美酒夜光杯，欲饮琵琶马上催。醉卧沙场君莫笑，古来征战几人回。”

当然，被誉为“诗仙”的李白更是以“谪仙人”的身份将酒与诗结合得堪称完美。

都说“李白斗酒诗百篇”，他的饮酒诗几乎篇篇精彩，比如《将进酒》诗云“五花马，千金裘，呼儿将出换美酒，与尔同销万古愁”，又如《把酒问月》诗：“青天有月来几时？我今停杯一问之。……今人不见古时月，今月曾经照古人。古人今人若流水，共看明月皆如此。惟愿当歌对酒时，月光长照金樽里。”还有《客中作》诗句云：“兰陵美酒郁金香，玉碗盛来琥珀光。但使主人能醉客，不知何处是他乡。”

有意思的是，李白在饮酒诗里也提到了不少当时的酒器。这些酒器的名称不同，用途也各异，使我们后人对汉唐之际的饮酒风俗有了一些直观的了解。

在李白诗中提到的酒器，主要有壶、樽、罍、杓、杯、觞这六种，诗句如“提壶莫辞贫，取酒会四邻”（《拟古》之三），“春风东来忽相过，金樽渌酒生微波”（《前有樽酒行》），“咸阳市中叹黄犬，何如月下倾金罍”（《襄阳歌》），“鸬鹚杓，鹦鹉杯，百年三万六千日，一日须倾三百杯”（《襄阳歌》），“烹羊宰牛且为乐，会须一饮三百杯”（《将进酒》），“金陵子弟来相送，欲行不行各尽觞”（《金陵酒肆留别》），等等。

综合以上李白诗中提到的六种酒器，恰恰是唐代前、中期人们饮酒时常用的一套完整酒具，即包括贮酒器（壶）、盛酒器（樽、罍）、取酒器（杓）和饮酒器（杯、觞）等四大类。

白居易晚年称自己为“醉吟先生”，可见他对酒的喜爱程度之深。白居易诗作中堪称经典的饮酒诗很多，最精短也最招人喜爱的便是那首《问刘十九》：“绿蚁新醅酒，红泥小火炉。晚来天欲雪，能饮一杯无？”再有就是《同李十一醉忆元九》，诗中云：“花时同醉破春愁，醉折花枝作酒酬。忽忆故人天际去，计程今日到梁州。”还有《醉中留别杨六兄弟》中的“春初携手春深散，无日花间不醉狂。别后何人堪共醉，犹残时日好风光”等。

唐五代越窑的酒器主要有罂、执壶、杯等。罂是盛酒浆的容器，唐人笔记里有载：“以罂贮酒，暴于日中，经一月，其酒不动，饮之香美而醉。”杜甫《进艇》诗中云“茗饮蔗浆携所有，瓷罂无谢玉为缸”，可见罂在当时颇受推重。

杭州玉皇山南五代钱元瓘墓中曾出土一件青瓷浮雕蟠龙罂，残高30厘米，今藏浙江省博物馆，为国家一级文物。有内口，圆肩，圈足外撇，器身浮雕二龙抢珠纹，雍容端庄。龙作三爪，龙身划鳞，龙鳞上原贴有金片，已大多脱落，出土时残留三片。器下腹作云气纹。器身残附的三小片涂金，印证了古文献中所谓“金银陶器”和“金棱秘色瓷器”的有关记载。

唐代称执壶为注子、偏提，是中晚唐越窑的重要品种，大多端庄稳重。执壶是中唐时期出现的一种盛酒器，在唐代它的正式的名称应

图 7-4　秘色瓷龙纹罂

该叫“注子”。学术界倾向于认为注子是从鸡首壶演变而来，因为唐代初期越窑还生产鸡首壶，不见执壶，到了中期则多产执壶，鸡首壶则很少了。

执壶是唐代多见的器具，西安发现的王明哲墓，出土1件大和三年（829）注壶，器底墨书“老导家茶社瓶”，器腹部圆鼓，盘口，肩上出短流，由此可见“茶瓶”即现在通常称的注子、执壶。在长沙窑、邢窑、越窑、耀州窑中多见。据李匡义《资暇集》：“元和初，酌酒犹用樽勺……居无何，稍用注子，其形若罃，而盖、嘴、柄皆具。大和九年后，中贵人恶其名同郑注，乃去柄安系，若茗瓶而小异，目之曰偏提。”

执壶一直是重要的酒具，有柄或系等不同的手执方式。长沙窑曾发现有文字“张家茶坊，三文一平”的执壶，也有题诗“终日如醉泥”的执壶，两者外形没有明显差别，说明唐代瓷器中酒具的“注子”与茶具的“汤瓶、茶瓶”是一器多用。

故宫博物院收藏有一件越窑青瓷执壶（见图7–5），壶撇口，短颈，溜肩，鼓腹，浅圈足，颈部一侧有八棱短流，另一侧有一个弯曲的扁形把手。内外施青釉，釉色莹润，晶莹剔透，器身有细小的开片，真正具有如冰似玉的感觉。

图7–5 唐越窑青瓷注子（故宫博物院藏）

据故宫博物院记载，这件越窑青釉执壶，高13.4厘米，口径5.9厘米，足径7.3厘米，出土于浙江绍兴唐宪宗元和五年（810）户部侍郎北海王府君夫人墓，是一件有确切年代记载的文物。作为一件唐代中期越窑执壶的标准器，它代表了这一时期越窑生产的工艺水平。1954年，陈万里先生把它捐献给故宫博物院。

浙江上虞另出土一件五代越窑青瓷鸳鸯注子（见图7-6），堪称绝品。这件注子口开于背上，作鸣叫状的喙与腹部相通，以代替注子的嘴。鸳鸯多雌雄成对生活，形影不离，故被视为夫妻恩爱的象征。此器的容量达半升，它与同时代的青瓷小杯为配套的酒器，如用于合卺之仪或夫妻月下对酌，则可增添无穷的情趣。

现藏故宫的一件五代时期鸟形杯也是越窑瓷器精品。其别致之处

图7-6 五代越窑青瓷鸳鸯注子（上虞博物馆藏）

在于整个器体为一鸟，杯身一侧贴饰一展翅欲飞的圆雕鸟，另一侧贴鸟尾，尾中部与腹部相连成为杯的把手，精巧玲珑，式样优美。1974 年浙江上虞凤山东吴墓出土的一件飞鸽形青瓷杯，与此杯造型极为相似。

图 7-7　唐越窑青瓷凤鸟形注子

西晋左思《吴都赋》曾用“里宴巷饮，飞觞举白”八字来描述吴越地区饮酒风气之炽盛，东吴的陶工正是在这种风气的熏陶引导下，设计制造出这种别致的飞鸟形酒杯。宋代陆游曾有《九月十一日疾小间夜赋》诗写道“可怜未遽忘风月，犹梦华觞插羽飞”，描写的正是这些似乎插了羽毛的鸟形酒杯。

2017 年，故宫博物院斋宫举办了一个“秘色重光——秘色瓷的考古大发现与再进宫”展览，其中有一件越窑秘色瓷银釦执壶引起了人们的注意。这件执壶出土于内蒙古多伦县小王力沟辽圣宗贵妃墓。这件青瓷执壶从釉质釉色看，显然也属于秘色瓷，且上部饰有鹦鹉纹，在壶嘴上饰有银釦。除此之外，墓中还出土一件越窑青瓷银釦盏托。

无论是上述“越瓯荷叶空”的秘色瓷茶盏，还是“瓷罂无谢玉为缸”

的青瓷酒具，都说明了这样一个史实：到了唐五代时期，士大夫已成为越窑瓷器的主要使用群体。具有较高文化品位和审美情趣的文人墨客的介入，对越窑青瓷的造型审美也带来了不少的影响。

青瓷以远古南方浑厚古朴之青，在时风中隐约流露出晚唐月朗星稀的心境，显现出与晚唐繁丽相左的物质特色。加之佛教与儒学心境逐渐相合，文人雅士开始将茶道在禅意中衍生，禅茶一味中融入的便是人生，由“鸡声茅店月，人迹板桥霜”展现出峭洁清远、遗世独立的晚唐风韵。

画堂清斋的陈设

在唐五代越窑青瓷走向巅峰之前，有过一个蓄积力量的阶段，这就是俗称六朝的三国两晋南北朝时期。这一时期的越窑青瓷，一个最明显的特点就是造型特别丰富多彩。

六朝时期堪称越窑成长史上的童年期，这一时期的越窑青瓷造型丰富多样、生动有趣，极富生活气息。

其中最值得一说的就是各种堆塑罐。“堆塑罐”这个称谓比较象形，它首先是个罐形，往往体形硕大，结构颇为复杂。通常是在一个大罐上再加几个小罐，再在顶部和四周堆塑神仙、佛像、鸟兽，乃至亭台楼阁、民家院落等形象，有的还刻有烧造时间、地点、吉祥语、工匠姓名等铭文。

堆塑罐记录着死者生前的各种享受和爱好，成为我们了解当时的建筑、衣饰、舞蹈等社会生活状况的宝贵资料。如一件西晋青瓷楼阁人物堆塑罐，上塑亭阙和四角楼，口部有五罐，罐外塑贴群鸟，引颈展翅飞向罐口，作觅食状。颈部堆塑对称楼阁，捏塑各种胡人俑。乐

图 7-8　三国越窑青瓷堆塑罐

伎俑或抚琴拨弦，或托珠玩耍，形神皆备。司厨俑或掌勺就锅，或拱手让客，情态生动。

在这些六朝时期的青瓷堆塑罐上，胡人俑特别多见。汉代以来，西域胡人频繁地入驻东南沿海地区，这一现象也反映到了制瓷业中，青瓷堆塑罐上以胡人为题材的塑像就是直观而生动的见证。这些胡人俑造型生动活泼，常见有杂耍、舞蹈、跪拜或伫立等情形。在塔式罐、佛寺罐上还可见到吹箫奏琴、持钵行乞的胡俑。

单个或成对的胡俑在这一时期的人物造像中也占一定的比例，常

图 7-9 越窑青瓷仕女俑

图 7-10 越窑青瓷武士俑

见的有骑狮俑、骑羊俑、跽坐俑等。杭州萧山西晋墓出土的一对青瓷胡俑，男的手持刀和盾，女的怀抱婴儿，这对充满生活气息的胡俑，犹如一幅妙手绘成的世俗风情画，堪称西晋青瓷塑像中的珍品。

除了各式堆塑罐，六朝时期的鸡首壶也颇值得一提。鸡首壶由盘口壶发展而来，应该是盛酒之器。在器形本身没有很大的变化的前提下，仅在瓷器的上腹部两侧粘贴模印的鸡头和鸡尾，就使整个器物变得情趣盎然。有意思的是，模贴的那个鸡头只是纯粹的装饰，并不是人们想象中的出水口（即所谓“流”）。有一种推测认为，鸡谐音“吉”，两晋时期的人们在酒壶上加饰一个鸡头，是想讨一个好的彩头。

这一时期还特别流行明器。所谓明器，又称“冥器”，即神灵之器。《礼记》云：“明器，鬼器也。”它是随葬于墓中供死者使用的器物。从墓葬出土文物来看，明器实际上是指仿实物而制成的专用于丧葬的各类模型。由于陶瓷器制作成本低不易腐蚀，故在各类明器中，陶瓷明器所占的比例最大。

六朝时期的青瓷明器种类颇多，有米筛、畚箕、碓、灶、井、楼、磨、大盆、鸡舍、猪圈、狗栏等，大体可分为日常用器、家什农具、禽舍畜圈等，多仿实物而制，富有浓郁的生活气息，又有一种稚拙可爱的独特的审美趣味。

明器中还有一种仓院楼

图 7-11　越窑青瓷明器

阁，模型出土不多。迄今发现最大的一件是湖北鄂州出土的三国青瓷仓院。该仓院系一座复合型建筑，中央为长方形粮仓，顶作庑殿式，四隅旁各有一囷，囷上部均设一个通风的庑殿式小顶，囷的外围建院墙，院墙四角各置一个与囷相通的庑殿顶阁道，当为囷内谷物输入口，在院门与中央粮仓之上还建有一座庑殿顶遮雨棚。

瓷器伴随着中国历史走过了漫长的历程，它不是一成不变的，在每一个发展阶段，都有着极为鲜明的特征。六朝青瓷特别钟情于器物造型，正是这一时期的社会习尚和审美理想独到的反映。而到了越窑青瓷发展到顶峰时期的唐五代时，青瓷造型有了明显的变化，属于画堂清斋之内文人日常所用的文房用品开始明显增多，且独具特色。

在中国古代，向有笔墨纸砚“文房四宝”之说。但其实，真正具有艺术魅力、可充雅玩的并不是这些所谓的笔、墨、纸、砚，倒是那些附属的文房用品，比如用来注水的水丞、砚滴，用来压纸的镇纸，用来搁笔的笔架等。也许是因为文人雅士皆神往自然、喜好恬静之故，所以凝聚着美丽、静谧的大自然之色的青瓷文具就成了历代文房瓷品中的佼佼者，这在唐五代越窑青瓷尤其是秘色瓷中也得到了鲜明的反映。

青瓷文具较为常见的是砚、笔筒、水丞、镇纸和砚滴五类。青瓷砚早在三国时已有烧制，早期的青瓷砚多为圆形，下附三足，砚面无釉，以便研磨。东晋南朝时期，或下附四足，或具盖。南朝至唐五代时，部分青瓷砚的砚面中央凸起，周边环水，仿佛辟雍，因而被称为“辟雍砚”。这种砚往往附有许多密集排列的蹄形足。

唐五代至北宋初，越窑青瓷中还见有一些动物形小瓷塑，虽然数量不多，过去多将之归为玩具类，其实，这些瓷塑正是写字作画时用来压纸的文具——镇纸。应该说，窑工们在这些青瓷文具的实用性和艺术性的统一上已是煞费苦心了，正因如此，这些青瓷文房用品才能在实用功能之余，还向人们提供了种种审美享受。不过，尽管这些文房瓷品十分精妙，若与造型瑰异、含义深刻的青瓷砚滴相比，就都黯然失色了。

图 7-12　越窑兔形水盂

砚滴是磨墨时往砚池中注水之用，故而得名。越窑青瓷砚滴通常做成动物形状，而尤以兔形为多。浙江上虞出土的两件青瓷兔形砚滴，一件作站立状，另一件作卧伏状（卧伏状这一件，因其酷似青蛙，故有时又被称为蛙形砚滴或蛙形水注）。砚滴的背部有进水管，兔嘴有出水的小孔，而兔子前腿捧有一钵，望去若兔子捧钵饮水，其实从功能上讲，是便于将水滴入砚内而避免洒出砚外。三国以后，兔的造型不断简化和演变，这种砚滴就转变为水丞了。另外，唐代青瓷砚滴还有做成葫芦等形状的，长沙窑的砚滴则做成小鸡、小鸟等，虽然看上去玲珑可爱，但较之越窑青瓷的兔形砚滴，还是相形见绌了。

到了唐五代时，越窑的能工巧匠更是将青瓷砚滴这种文具的造型艺术推向了极致。1983 年 12 月在慈溪县彭东乡寺龙桥头泥沙中出土的一件五代越窑青瓷蟾形砚滴，就是其中杰出的代表。

青瓷蟾形砚滴过去又称“三足蟾蜍水盂”，全器十分完整，由一只三足蟾蜍和足下的荷叶形托盘组成，通高 6.7 厘米。蟾蜍体扁，头昂起，

图 7-13 唐越窑青瓷蟾形砚滴

微张的口作砚滴的出水口，背部有一圆形的进水小口，身上饰圆疣和弧形纹。蟾蜍足下为一荷叶形托盘。通体施湖绿色薄釉，滋润光亮。

蟾蜍，又作“蟾蠩”“詹诸”，《初学记》卷一引《淮南子》云：“羿请不死之药于西王母，羿妻姮娥窃之奔月，托身于月，是为蟾蜍，而为月精。”“姮娥”就是嫦娥，可见此三足蟾蜍并非等闲之辈，而是美丽的嫦娥的化身，它代表的是一轮皎洁的圆月。

该器的妙处在于蟾蜍与荷叶的组合。唐代诗人李商隐有感于世人重花不重叶，于是写下了《赠荷花》诗：“世间花叶不相伦，花入金盆叶作尘。惟有绿荷红菡萏，卷舒开合任天真。”它道出了“红花虽好却要绿叶扶持”的道理。有趣的是，这件砚滴的荷叶所衬托的不是荷花，而是一只象征明月的蟾蜍，这就更耐人寻味了。

唐人孟浩然的《夏日南亭怀辛大》诗写道：“山光忽西落，池月渐东上。散发乘夕凉，开轩卧闲敞。荷风送香气，竹露滴清响。欲取鸣琴弹，恨无知音赏。感此怀故人，中宵劳梦想。”这首诗中的月、荷及思念之情浑然一体，这件蟾蜍砚滴意境与之合若符契。

北宋中后期越窑逐渐衰落之后，位于浙南龙泉的崇山峻岭间的龙泉窑窑址却燃起了熊熊的炉火。根据古陶瓷学界的长期研究，南宋至元代为其全盛期的龙泉窑，在工艺上或多或少也受到越窑青瓷尤其是秘色瓷的影响，不仅釉色滋润悦目，造型奇妙之器也时有所见。舟形砚滴就是其中一件极具审美价值，堪与五代越窑青瓷蟾形砚滴媲美的文房佳品。

这件龙泉窑青瓷舟形砚滴的发现经过也颇为传奇。1954 年 4 月，某个春雨后的清晨，龙泉县上严儿村（今龙泉市道太乡雁川村）村民何招弟在村边一个叫坑潭的地方挖黄花草，竟然意外挖出了一只小小的瓷船。看到的时候，她发现一边船栏的头已经破损。

何招弟虽然经常在田间山里摘猪草、采茶叶，但是从来没见到过如此青翠欲滴、小巧可爱的完整瓷器。于是，她将小船清洗出来，当成宝贝玩具拿回了家。

她肯定想不到，无意中在地里挖出来的这只小瓷船，竟是一件国宝级的文物，如今已是浙江省博物馆的十大镇馆之宝之一。

这件舟形砚滴通长 16.2 厘米，高 9.1 厘米，宽 6.5 厘米（见图 7-14）。通体施接近水天之色的滋润厚釉，舟的一端开有滴水的小口，船舱内一对情侣在窃窃私语，船舷上一位艄公欲取船篷上的斗笠，非常生动。这俨然是春季江南水乡雨天的情景，很自然地令人联想到唐人韦庄的《菩萨蛮》词：“人人尽说江南好，游人只合江南老。春水碧于天，画船听雨眠。 垆边人似月，皓腕凝霜雪。未老莫还乡，还乡须断肠。”这种充满诗情画意的舟形砚滴，南方人拥有了它，便会愈加依恋眼前的山山水水，而北方人端详摩挲着它，心中更会

图 7-14　元龙泉窑青瓷舟形砚滴（浙江省博物馆藏）

增添几分对江南旖旎风光的憧憬。

妙趣横生

东汉以后的三个多世纪里，政局动荡，社会随之出现了种种变革，意识形态也经历了明显的转折，人们的审美情趣由社会和经学转向大自然和艺术，反映在制瓷业中，则是动物造型器物的大量出现。这些动物造型在写实的基础上又予以合理的艺术夸张，注重神情的刻画和风韵的表现，其中虎、羊、熊、鸽、狮、鸡、兔等是最为常见的造型。

虎，主要作虎子的装饰。所谓虎子，其实就是民间俗称的尿壶。那既然是这样一个不登大雅之堂的东西，为什么要把它塑造成小老虎

图 7-15 西晋越窑青瓷虎子

的样子，而且取一个叫“虎子”的名字呢？

据说这还跟西汉名将李广有关。《西京杂记》记载，李广和兄弟一起在冥山之北打猎，看到有一只老虎卧伏在那里，李广拉弓搭箭，一箭就把老虎射杀了。于是他砍下老虎的头，把它当成枕头，用以显示自己的威猛。后来又用铜器做成老虎的样子，用作尿壶，以示厌辱。

李广是西汉名将，屡立战功，威震四方，人们在仰慕“飞将军”的同时，后来也效仿他的做法，制作虎形的枕头和溺器，这就是虎枕和虎子的由来。据说，把枕头和便壶制成虎形，也反映了古人对老虎既畏惧又厌恶、希望制服它的复杂心理。

虎子这种器物，东汉越窑等就已大量烧制，有青釉和黑釉等不同的品种。器身为直筒形，口部做成虎首形，提梁一般为辫形，器身两侧印几何纹，整体造型虽似虎，却显得僵硬、呆板。

三国时，虎子的形状出现了较大的变化，器身作蚕茧形，多光素无纹，器口呈短筒状，提梁不再做成辫形，而是代之以一只卧伏的虎，从而摆脱了以往仅追求外表象形的古朴艺术格调，赋予整器以优美柔和的廓线，使艺术造型的美在舒展的线条和类虎非虎的艺术夸张中表现出来。

到了西晋，虎子的提梁做成圆条形，上面常刻绳索纹，器口的上方印有象征性的虎首纹，器身的两侧刻划飞翼，于是，使虎子越来越远离它的原型而出现一种潇洒飘逸的艺术风格。

羊是一种象征吉祥的动物，古代“羊”与“祥”相通，因而它便成为窑匠美化青瓷的装饰题材。三国至东晋，以羊形器最具特色。南京清凉山三国吴甘露元年（265）墓出土的两件青瓷羊形器，大小和造

图 7-16　越窑青瓷羊

型相同，高 23.4 厘米，长 32 厘米，头大颈短，卷角，张口，身体肥硕，作卧伏状，身体两侧刻划飞翼，通过这种夸张的塑造，羊的“吉祥”含义更为昭著。

西晋的青瓷羊形器造型与三国时的相似，只是形体略小。到东晋时，羊形器变得更小，长度仅为三国时的三分之一左右，这类羊形器虽无雄壮的体魄，但它们那玲珑的体形和驯顺的姿态却同样惹人喜爱。

熊这种造型在东汉就比较常见，黑釉窣堵波模型和青瓷塔式罐上的熊，通常为坐姿，前爪持物作啃咬进食状，憨态可掬。浙江上虞东汉墓出土的一件大型黑釉熊形灯，熊的额部刻有“大吉羊”三字，从而可知当时将油灯塑造成熊的形象，也是寓有吉祥含义的。

三国两晋熊的造型与东汉有所不同，它常为静坐或托物状。这一时期青瓷灯的灯柱往往做成熊形，熊的两条前腿向上高举，

图 7-17　越窑黑釉熊形灯

似在使劲承托灯盏。有时，一些器物的足和建筑模型的柱子也做成熊形，在这里熊不仅寓意吉祥，而且还是力量的象征。

鸽子的形象虽在东汉的瓷器上经常出现，但塑造简单而抽象，三国两晋时鸽子的造型就比较逼真了，它除了大量装饰在塔式罐和佛寺罐上之外，还常常作为日常用器的主题纹样。

浙江上虞三国吴墓出土的一只青瓷鸽形魁，腹部贴一只鸽子，双翅舒展，头扭向一边，作飞翔貌，相对的另一侧塑一鸽尾作为魁柄，造型相当精美。有些西晋青瓷罐，盖钮做成双鸽形，鸽双翅略展，胸脯相贴，作亲昵的接喙姿态。

狮为兽中之王，矫健威武，故在古代艺术品中它的造型出现频率很高，以质地而言，有石狮、青铜狮、玉狮、青瓷狮等。青瓷狮在西

图 7–18　唐越窑青瓷鸽形魁

图 7-19 越窑青瓷狮

晋时期出现最多，其中形体较大的是狮形器，一般为卧状的雄狮，头的比例很大，龇牙咧嘴，颈披鬣毛，双眼凝视前方，身体两侧或饰卷毛纹，或刻划飞翼，使雄狮的形象更威猛无比。

鸡作为一种主要的家禽，它在古代有特殊的禳灾除凶作用。汉代将鸡视为阳性的象征，汉人应邵的《风俗通义》云，鸡可以“御死辟恶”。由于鸡能报时，故名“报时鸡”“五时鸡”“司夜鸡”，人们认为它有驱百鬼、祛百病、辟邪恶的功能。因此，三国以后鸡的造型常在青瓷中出现，其中最多见的是酒壶上作嘴的鸡首，这类鸡首均有高高的鸡冠，鸡颈前挺，恰似引吭报晓的雄鸡。

浙江余姚出土的一件西晋青瓷鸡首壶，壶鋬做成黄鼬形，黄鼬俗称“黄鼠狼”，它是鸡的天敌，显然，窑匠将鸡和黄鼬组合在一起，所要表达的并不是鸡的传统象征意义，而是用幽默的造型艺术语言来阐释一个浅显的意味深长的道理——“螳螂捕蝉，黄雀在后”。

图 7-20　南朝越窑青瓷龙柄鸡首壶

此语源于《庄子·山木》，比喻目光短浅，一心想侵害别人的人，却不知有人正在算计他。此器上的黄鼬虽在捕鸡，却为提壶注酒者所擒，这一构思巧妙的装饰，除了生动有趣外，剩下的恐怕就是对争名夺利者的警戒了。

兔的造型在三国两晋的青瓷中时常可见，但一般均比较抽象，唯独浙江上虞出土的一件三国青瓷兔形砚滴最为逼真。这件器物整体为一只站立的兔，它采用拟人的夸张手法塑成，腹部略成圆形，背部安管状进水口，兔头前伸，前足捧钵作饮水姿势，从而使这件艺术品显得格外迷人。

此外，江苏宜兴出土的一件西晋青瓷鹰首壶，壶的肩部塑一个鹰首，嘴微钩，双眼圆睁，腹下具两爪，腹两侧划刻双翼；同一地方出土的一件西晋青瓷尊，整件器物做成一头坐姿的神兽，尊口开于顶部，口沿下为兽头，头略仰，瞠目张口，口中衔一圆球，腹两侧划刻飞翼，脊背上列饰五撮长毛，该兽面目狰狞，神态诡秘，它与鹰首壶一样，都是三国两晋青瓷造型艺术中罕见的杰作。

与人物塑像的情形相同，动物造型在经历了三国两晋这个繁荣期后便渐渐沉寂下去。几个世纪后，动物造型以崭新的面貌在青瓷生产中再度涌现。唐代长沙窑的瓷塑动物以量多类广而著称，不过论精美程度而言则莫过于唐宋越窑了。

这一时期，越窑塑造的动物形象有龙、狮、鸳鸯、小鸟、蟾蜍等，这些圆雕动物制作细致，形貌传神，其中浙江慈溪出土的蟾蜍砚滴、上虞出土的双虎枕和鸳鸯注子为举世无双的珍品，它们在审美方面所特具的魅力，是令后世为数寥寥的青瓷动物造型所望尘莫及的。

以上如同电影的回放，将越窑青瓷自东汉诞生以来，历三国两晋南北朝的发展，到唐代之前各种动物造型的瓷器种类作了大致的梳理

图 7-21　西晋越窑神兽尊

回溯。值得注意的是，进入唐五代、北宋之后，越窑青瓷中动物造型的器形急剧减少，反映了时代审美风气的嬗变。尤其是五代吴越国时期，生产的高档青瓷中，不但动物造型甚少，甚至连动物形纹饰也不多见，更多的是以釉色见长。

当然，也有例外。唐五代青瓷中，偶或也会见到一些动物形状的造型或装饰，而且相当精彩。

比如一件唐代越窑青瓷龙柄鸡首壶，器形高大，鸡头刻划细致，栩栩如生，最绝的是壶的把手做成了龙形。按说龙在过去是帝王之尊的象征，普通身份的人不得僭用，不过或许在唐五代时期，这个规矩还没有那么严格（2001 年，考古人员发掘杭州雷峰塔地宫，出土一件青铜蟠龙座佛像，佛居然坐在龙头之上，令人惊诧不已）。

又有一件唐代越窑青瓷蟠龙罂，作为盛酒之器的瓷罂有宽大的口沿和鼓圆的器腹，细细的颈部，竟然用圆雕形式捏塑一条蟠龙，首尾相衔，围绕一周。龙口张开欲吼，龙身雕有鳞片，备极生动。

此外，杭州一座五代墓曾出土一件青瓷浮雕蟠龙罂，器身浮雕蟠

图 7-22　瓯窑青瓷牛形灯

龙，雍容端庄，龙身还残附三小片涂金，说明原先器身应该贴满金片，这也印证了古文献中所谓“金银陶器”和“金棱秘色瓷器”的有关记载。这件器物虽然已是残件，仍弥足珍贵。

柒

装饰之奇——秘色瓷的装饰

五代吴越国秘色瓷以造型与釉色取胜，相对而言，装饰纹样不算特别突出。作为秘色瓷主要生产地的上林湖窑区，在唐五代时期生产的越窑青瓷以灰胎薄釉著称，多为素面，但仍有一些产品运用了手法多样的装饰技法，且达到了极高的水平。

作为唐五代时期全国窑业的中心，越窑青瓷无论在装烧工艺、产品种类或是装饰技艺上均引领全国风气，成为别的窑口学习模仿的榜样。以装饰手法而论，独具特色的刻划花、别开生面的彩绘、美轮美奂的金银饰等，不仅有着强烈的地域风格和时代烙印，成为后人鉴识唐五代越窑青瓷的重要标准，同时这些纹样也成为人们观察古代风俗、宗教、美术尤其是古人复杂却又充满理性的精神世界的户牖。

“花开”釉下

古陶瓷专家李刚在《青瓷风韵》一书中谈及越窑青瓷的装饰工艺时，曾以“曲线构成的殿堂”一节文字专门探讨越瓷的刻划花工艺。在这节文字的开头，引述了美国文学家欧·亨利短篇小说《使圆成方》中对圆与美的关系的一段独特见解：

> 美是完善无缺的自然；圆形是它的主要属性。请看一轮满月，

迷人的金球，瑰丽庙宇的圆屋顶，越橘馅饼，结婚戒指，马戏场地，召唤侍者的铃，以及敬酒时的“一巡”。另一方面，直线表示自然界的事物受到了歪曲。试想，如果维纳斯塑像的腰布换成直溜溜的罩衫，还像什么样子！

这段话固然精彩，不过这只是在对圆形物进行观察后所得的结论。如果在青瓷刻划花艺术世界里作一番巡礼，则会发现在那里美的主要属性是变化无穷的曲线。

事实上，用刻划的曲线构成图案来美化器物，起源甚早，早在新石器时代的文物中就可见到它们的身影。1999 年，考古人员在浙江诸暨楼家桥遗址（属上山文化）的发掘中，在一块陶片中发现了奇怪的纹饰，看上去，那蜿蜒的姿态酷似龙形。这是迄今在浙江发现的最早的龙形纹样，距今已有近万年历史。

到了商周时期，印纹陶在广袤的南中国地区异军突起。顾名思义，之所以称之为印纹陶，就是因其表面上压印有各种几何纹样。印纹陶纹样极其丰富，在印纹陶风靡一时之际，刻划花也凭借其固有的生命力在陶瓷装饰艺术中占据了一席之地。

“南朝四百八十寺，多少楼台烟雨中。”到了东晋南北朝时期，由于佛教的广泛流行，佛教艺术中的莲花纹样在越窑青瓷上得到了广泛的采用，而其主要表现手法就是刻划花。

越窑青瓷上的莲花纹通常以划线构成，一些瓷盘内划一周莲瓣纹，中央用圆管戳成莲蓬纹，整个图案形象而又别致。有的青瓷罂肩部刻划丰满的覆莲瓣纹，配上青翠的釉色，让人很容易地联想起“莲叶何田田”的诗句。

到了唐代，佛教更加兴盛，用莲花来装饰越窑青瓷更成为一种风尚。宁波和义路唐码头遗址出土的唐代秘色瓷荷叶盏托就是最典型的例子，青瓷盏设计成一朵荷花（即莲花）形状，底下的托则设计成一张边沿微卷的莲叶，远远望去，如同盛夏荷塘中亭亭出水的一朵荷花，风致嫣然。

就佛教教义而言，莲花是“天上之花”，不仅象征崇高、圣洁、吉祥、光明与贞静，而且有着更深层的内涵。

一种说法是，世间花卉先开花后结实，而莲花在开花的同时，莲蓬已经结实，有着“花实齐生”的特质，故而莲花被佛家视为能同时体现过去、现在和未来。

另一种说法是，莲瓣代表了佛教普度众生的寓意。一片片莲花瓣，

图 8-1 《出水芙蓉图》

象征佛陀以诸多方便法门接引众生，去往极乐世界。莲瓣由于承载了度众生的重任，成了今日汉语中“负荷”一词的语源。

还有说法认为莲座体现了力量。佛经上讲莲花在众花中最大最盛，代表庄严妙法；莲花柔软素净，坐其上花不会坏，更可以展现神力。故而在佛家眼中，莲花其实已升华为“天上之花”，“人中莲花大不过尺，天上莲花大如九车盖，是可容结跏趺坐”，所以佛陀结跏趺坐讲经说法而设之座就是莲花座。

再者，因为莲花“出淤泥而不染”，依然开出明净的花朵，与佛教倡导的在五浊世界里行菩萨道，让好的影响坏的，使之变好，而自身却不受污染的教义相合。尘世好坏混杂，良莠不齐，善恶并存。修行者应像莲花一样，虽接近污泥，却追求明净，完成宗教性的崇高与升华。

正是由于以上诸般原因，自六朝至唐代，随着佛教的普及与兴盛，与佛教艺术休戚相关的莲花纹样就以各种装饰手法出现在越窑青瓷之上，成

图 8-2　荷花轴

为时代烙印与地域特色鲜明的标记。

不过，到了唐代，除了莲花之外，越瓷上的刻划花题材种类已逐渐丰富，有“花开富贵”寓意的牡丹和其他各色各样的花卉草木也开始出现，装饰手法也分多种：有的用“偏刀”刻成，有的用较粗的针状工具划成，刻纹刚劲，划纹流畅，可称得上珠圆玉润了。

在唐代越窑青瓷的刻划花图案中，牡丹纹尤其值得一说。牡丹色泽艳丽，玉笑珠香，风姿潇洒，富丽堂皇，素有“花中之王”美誉。牡丹品种繁多，色泽亦多，姚黄魏紫，姹紫嫣红。牡丹花大而香，故又有“国色天香”之称，近年更是被视为国花的不二之选。

喜爱牡丹之风起于唐代，当时京城内遍种此花，唐代诗人徐凝《牡丹》诗云：“何人不爱牡丹花，占断城中好物华。疑是洛川神女作，千娇万态破朝霞。”刘禹锡《赏牡丹》诗则云：“庭前芍药妖无格，池上芙蕖净少情。唯有牡丹真国色，花开时节动京城。”由此可见，牡丹在唐代就被视作富贵的国花了。

另据《菽园杂记》：“江南自钱氏以来，及宋元盛时，习尚繁华。富贵之家，以楼前种树，接各色牡丹于其杪。花时登楼赏玩，近在栏槛间，名楼子牡丹。”可见自五代吴越国时，至宋元之际，在南方赏牡丹亦是蔚然成风。

在越瓷装饰中，刻划牡丹纹多施于粉盒盖顶，今浙江上虞曾出土一件北宋越窑青瓷刻划牡丹纹粉盒（见图 8–3），直径达 13.4 厘米。粉盒是旧时贵妇人盛放妆粉之器，在器盖上刻划牡丹花样，也有“花开富贵”的寓意。

另外，在越窑青瓷中还常见刻划荷叶神龟图案，这种纹样其实也有深刻寓意。在古代，龟是长寿的象征，向有“龟鹤延年”之说，唐代著名乐人李龟年则直接以之为名。在民间传说中，则有“龟千岁乃

图 8-3 北宋越窑青瓷刻划牡丹纹粉盒

游莲叶之上”之说。

龟“千岁游莲叶”的故事，其实有出典。《抱朴子》记载：“千岁之龟，五色具焉，其额上两股起似角，浮于莲叶之上，或在丛蓍之下。”宋人洪适《生查子》词，题注曰“姚母寿席，以龟游莲叶杯酌酒”，句云“碧涧有神龟，千岁游莲叶。七十古来稀，寿母杯频接”，所咏正是此类。

龟游莲叶的故事很为诗人所喜，南朝宋时已有诗作咏及，两宋诗词中更是常见，如苏轼《莲龟》诗：“半脱莲房露压欹，绿荷深处有游龟。只应翡翠兰苕上，独见玄夫曝日时。”又如李之仪《荷叶龟》诗：“翠盖相扶两不欹，多情独许见阳窥。千年自有逃形处，聊与清香暂约时。”

龟游莲叶作为装饰，也广泛使用于各类器具。如河北定县北宋静志寺塔塔基出土的一件青瓷钵，外侧装点两层莲花瓣，内心则贴饰一只小龟，也是巧用龟游莲叶之意。

到五代时期，越窑将刻划花艺术推向了极致。此时的刻划花吸取了唐代铜镜、织绣和金银器上的花纹特点，用蝶恋花、鸳鸯、鲤鱼跳龙门、云中飞鹤、双蝶、鹦鹉、双龙戏珠、鸟翔花丛、荷叶神龟、秋葵、牡丹、花叶、海棠、人物等题材构成精美生动的图案。

在刻划技法上，有的用刀刻成，有的则用尖细的针状工具划成，有的则刻划兼施，图案往往布满整个内壁，线条流畅，层次分明，皆由工匠信手饰就，技法娴熟，图案灵活多变而又自然和谐。

由此可见，当唐五代越窑青瓷以其“类玉”“类冰”的釉色取胜时，刻划花这种独特的装饰纹样也已悄悄地在越瓷青莹的釉层下时隐时现，为这些具有碧玉般质感的青瓷锦上添花，呈现了别具一格的审美魅力。

越窑刻划花这种优秀的装饰艺术，对同时代及后来的其他窑口瓷器都产生了深刻的影响。最突出的是北方的耀州窑和同属浙江的龙泉窑。

耀州窑位于陕西省铜川市黄堡镇，旧称同官，因宋时属耀州，故名耀州窑。耀州窑是北方青瓷的杰出代表，兴于唐时，至宋代更臻于鼎盛，成为宋代六大窑系之一。

宋代陆游《老学庵笔记》曾记载“耀州出青瓷器，谓之越器，似以其类余姚县秘色也”。也就是说，宋代耀州窑生产的青瓷器具有温润如玉的釉色，故在当时被称作“越器”。

其实，除了釉色，刻划花亦是它与越瓷相似的重要特征。耀州窑瓷器刻划花装饰早在五代就已流行，纹饰以水波、花叶、钱纹等为主。到了北宋，刻划花极度繁荣，装饰题材大大拓展，常见的有梅、兰、菊、竹、莲、牡丹、葵、石榴、海棠、葡萄、灵芝、如意、水藻、卷草等。

值得一提的是，耀州窑瓷器的刻划花纹饰大多采用“偏刀”技法刻成，刀痕犀利，线条粗放遒劲，图案凹凸分明，釉色深浅相间，具有瑰丽而令人印象深刻的装饰效果，与越窑相比，堪称“青出于蓝而胜于蓝”，成为宋代耀州瓷的一个醒目的标志性特征。

北宋中期后越窑式微，但在浙南的崇山峻岭间，龙泉窑却迅速兴起，并成为北宋以后的全国青瓷生产中心。从其初期产品特征看，龙泉窑青瓷无论是烧制工艺、胎釉特征，还是刻划花的装饰风格，均与越窑一脉相承。

今藏浙江松阳博物馆的一件北宋龙泉窑青瓷瓶，小口溜肩平底，高达 35.2 厘米，在器肩刻划覆莲瓣纹，在器底刻划仰莲瓣纹，器腹则刻划缠枝牡丹纹，整体风格与鼎盛时期的越窑青瓷酷肖。

北宋灭亡后，由于北方制瓷技术的传入，龙泉窑出现了一种碧玉般的厚釉瓷，釉色有粉青和梅子青两种，“妙者与官窑争艳”。由于明代以来不少书籍对龙泉窑厚釉青瓷大加赞赏，当今相当一部分人将粉青、梅子青作为龙泉窑的代称，其实不然。

从考古发掘来看，厚胎薄釉青瓷一直是龙泉窑生产的主流，而传统的刻划花亦与之相始终，划纹样有菊花、缠枝牡丹、水草、蕉叶、莲花、荷叶、水波、云朵、游鱼、大雁、凤凰等，纹饰构图简练，刻纹奔放，写意性很强，其美感并不在相同题材的水墨画之下。

别开生面的彩绘

飘拂着几片彩霞的苍穹，有时比万里无云的蓝天更有情调。青碧素雅的瓷器上加饰的褐彩，宛如纯净的天幕上镶嵌的云朵，它打破了青瓷釉色单一的审美格局，为瓷器的装饰艺术注入了永恒的活力。

在唐五代越窑秘色瓷的装饰艺术中，褐色彩绘可以说是别开生面的一种审美体验。

在吴越国都城杭州及钱氏统治者的故乡临安，已出土了不少王室贵族使用的秘色瓷，其中一部分与中原出土的秘色瓷面貌相同，而另一部分则是饰有褐彩的秘色瓷。

这些饰有褐彩的秘色瓷，包括临安晚唐水丘氏墓出土的熏炉、盖罂和油灯，还有临安五代墓出土的罂，这些青瓷形体高大，制作特别精致，器身上绘有许多褐彩云纹，云作如意头状，显然它含有吉祥如意之意。如果考虑到这些褐彩青瓷有可能是专为丧葬而烧造的（此说学术界有争议，因从实物观察，油灯、熏炉都有比较明显的使用痕迹，有可能是水丘氏生前使用之物），那么，云纹应该还有帮助灵魂升天之功效。

这种褐彩装饰效果是怎么做到的?

这就要追溯一些越窑青瓷的烧造历史了。早在东汉时期越窑创烧出成熟青瓷的同时，也烧成了釉色黢黑的黑釉瓷。最典型的就是德清窑烧造的产品。

德清窑因其窑址主要在浙北的德清县境内而得名，该窑黑瓷与青瓷兼烧，是以青瓷为主而以黑瓷闻名的古窑场，也是浙江地区最早发现的黑瓷产地之一。其之所以呈现如黑漆般效果的黑釉，原因在于釉料中起呈色作用的主要是氧化铁。

而研究表明，黑瓷釉料中起呈色作用的氧化铁含量与后来越窑褐彩青瓷原料中的氧化铁含量相同，这就为褐彩装饰的出现提供了可能。

不过虽然在技术上早就存在这种可能，但褐彩装饰的出现也不是一蹴而就的，而是经历了一个漫长的过程。最先出现的是点彩装饰。

点彩在西晋时期已经出现，至东晋南朝时期十分流行，这类装饰在浙江、江西等地烧制的青瓷器上经常可以见到。有的是在器物口沿上均匀地点饰褐彩，有的则是在器身和器盖上加饰许多褐色斑点，还有的则是在整体塑成动物形状的青瓷器身的某些突出部位（如眼睛等）点饰褐彩。

图 8-4　东晋越窑青瓷点彩鸡首壶

浙江上虞曾出土一件东晋青瓷鸡首壶（见图 8-4），不仅在壶的口沿点饰褐彩，而且更绝的是在鸡的眼睛处点饰褐彩，从而令这件鸡首壶倍添神韵。与之有异曲同工之妙的是上虞出土的一件同样是东晋时期的青瓷羊形器，体态肥壮，釉色莹润，羊的眼睛处同样饰以褐色点彩，使其更加生动传神，趣味盎然。

古有“画龙点睛”的佳话，这里则是“画鸡点睛”“画羊点睛”，同样匠心独具，精彩万分。

相对而言，褐色彩绘的出现要比点彩晚一些，也更具艺术感染力，它相当于是将绘画（包括书法）从绢、纸等介质上移植到瓷器上的一种特殊的艺术形式。

在过去相当长一段时间里，人们通常认为瓷器彩绘首创于唐代长沙窑。但 1983 年在浙江上虞龙山出土的一件南朝越窑青瓷碗则动摇了人们的这一固定看法。在这只碗的内底釉下，竟然有一个用褐彩书写的“又”字，笔迹清晰，边缘无晕散现象。

这不就是彩绘（从某种意义上说，彩书与彩绘并无本质区别）吗？这只南朝越窑青瓷碗的发现，宛如平地一声雷，使传统观点开始动摇。

令人没想到的是，不久之后，南京一座三国吴晚期墓中，出土了一件为时更早的彩绘青瓷罍。这件青瓷罍外罩青黄色釉，通体装饰褐彩图案。

仔细观察，就会发现这件罍上褐彩绘饰的图案还挺有层次：罍盖的鸟形钮两侧各饰一柿蒂纹，盖面饰四组相似纹样——两个人首鸟身的神物在一株仙草上方相向飞舞，仙草两侧各有一只动物；罍颈部绘有七只异兽，其中两只并列，五只异兽之间还加饰形状相似的半身异兽；于罍腹环绕地绘有两排持节羽人，上排为十一人，下排共十人，上下交错排列，空隙间绘有仙草和云气。

不过总体而言，虽然上述的两项考古发现将瓷器彩绘的发轫时间上推到了三国两晋南北朝时期，但毕竟尚属零星发现，说明在早期彩绘青瓷为数甚少，或许只是偶然的尝试，釉下彩绘瓷大行天下仍然是在唐代。

必须承认，在中国瓷器史上，真正将青瓷釉下彩绘艺术推上巅峰的，是唐代长沙窑。长沙窑青瓷大多用褐彩及绿彩装饰（褐彩原料与越窑相同，绿彩原料的主要呈色剂则是氧化铜），这已成为长沙窑瓷器的标志性特征。

长沙窑的彩饰分褐斑装饰、彩绘和彩书三种。褐斑装饰一般多加饰于贴花之上，不算多见，大量的则是彩绘，题材丰富，举凡莲花、朵花、鸳鸯、飞鹤、奔鹿、飞鸟、宝塔、人物等等，应有尽有，且构图灵活，立意新颖，洋溢着生机。

故宫博物院藏有一件唐代长沙窑青瓷注子（见图 8-5），残高 19.5 厘米，注子腹部绘一胖鼓鼓的童子，右手执一枝带茎莲花，左手拽一长练，作奔跑状，非常自然生动。湖南省博物馆藏一件长沙窑青瓷注子，器形完整，腹部用褐彩绘一朵盛开的莲花，花下还有两片莲叶，同样气韵生动。

图 8-5 长沙窑褐彩青瓷注子

让人印象最深刻的还是长沙窑瓷器上的彩书，在传世或考古发掘出土的唐代长沙窑瓷器（器形大多是酒注）上，有不少这类褐色彩书。从内容看，有些类似后世的广告，如“美春酒”“陈家美春酒”“自入新峰市，唯闻旧酒香”，有些则标明瓷器用途，如“油合”“茶碗”“茶盏子”，但更有意思的还是许多通俗易懂的诗句。

这些诗句中，有些不少饱含人生哲理，如“言满天下无品过”，“屋漏不盖，损其梁柱”，“罗网之鸟，悔不高飞”，“富从升合起，贫从不计来”，“静坐但思己过，闲谈莫论人非”，“客来莫直入，直入主人嗔。打门三五下，自有出来人”，“白玉非为宝，千金我不须。忆念千张纸，心藏万卷书”，“小水通大河，山深鸟雀多。主人看客好，曲路亦相通”，等等。

有些则类似后世的爱情诗。比如一件青瓷注子上有一首完整的褐书五方诗：“春水春池满，春时春草生。春人饮春酒，春鸟啼春声。”（见图 8-6）还有一件青瓷注子上则褐书另一首哀婉的诗：“君生我未

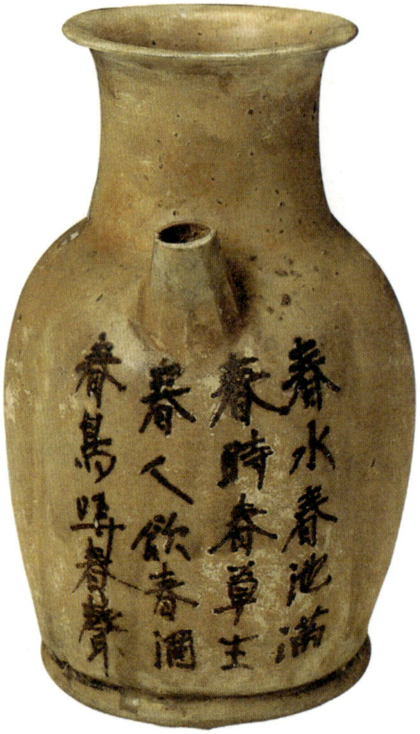

图 8-6　长沙窑褐彩诗文注子

生，我生君已老。君恨我生迟，我恨君生早。”

不过，尽管唐代长沙窑青瓷的褐彩装饰斑斓多彩、生动多姿，但它毕竟是民窑，生产的也只是普通的外销瓷，就产品本身而言，无论在气势上还是在精美程度上，均远远不能与唐五代时期越窑秘色瓷相比拟。

唐五代时期的越窑制瓷业已进入其鼎盛期，越瓷以其优美的造型、“类玉”的釉色赢得了朝廷和民间的普遍青睐，故被视为瓷中之最。其中，烧造的一些顶级青瓷则作为贡品进贡给中原皇室，这种最优质的青瓷在文献中被称为秘色瓷。

在陕西扶风法门寺地宫发掘之前，人们没见过秘色瓷长啥样，只能是靠想象揣测，直到考古人员在地宫发现包裹中的 13 件青瓷器（如果加上那件八棱净瓶应该是 14 件），与物帐碑上的记载一一对应上之后，人们才恍然大悟，也才一睹了“秘色瓷”的庐山真面目。

不过，在法门寺地宫出土的秘色瓷上并没有见到加饰的褐彩，有人分析，或许是为了追求釉的碧玉质感，使其呈现完美无瑕的状态，故而未见褐彩装饰。

但是在临安吴越国贵族墓出土的一些高档青瓷，从精美程度看显然也应归属秘色瓷一类，有一些器物上却有褐彩装饰。如 1980 年在临安明堂山水丘氏墓中出土的三件秘色瓷精品，即青瓷熏炉、盖罂和油灯，其上都用褐彩绘饰云纹。

为什么会有这样的区别？一种可能是，中国地域辽阔，南方和北方审美趣味存在差异，南方人喜欢这种加饰褐彩的青瓷器，认为它们有一种独特的审美效果，而北方中原皇室的统治者或许更偏爱那种单纯的青釉色器。

当然还有另一种可能，即这些器物的功能各异。法门寺地宫出土的秘色瓷碗、碟、盘子之类，是进贡给皇室的日用器（后来唐皇室又将其作为迎奉佛舍利的供养进奉给法门寺）；而水丘氏墓出土的秘色瓷熏炉、盖罂和油灯，则有可能是钱镠为其生母去世而专门定制的随葬品，故而带有浓郁的丧葬文化色彩。

值得一提的是，自唐以后，青瓷彩绘逐渐式微，转而在白瓷的装饰艺术舞台上大显身手。如宋金磁州窑的白地黑花，元明清景德镇窑的青花、釉里红，都是光照世间的彩瓷名品。但如果追溯根源的话，这种独特的瓷器装饰艺术还是要从汉晋时期的越窑说起，越窑是褐彩装饰这一绵亘千载的艺术源流最早的那一脉清流。

釦金釦银的光华

法门寺地宫发掘时，物帐碑上刻着的“瓷秘色碗七口，内二口银棱，瓷秘色盘子、碟子共六枚”一语，除了坐实、验明了地宫中发掘出土的13件越窑青瓷精品就是传说中的秘色瓷的显赫身份之外，其中“银棱”二字也颇值得关注。

这两个字，揭示了唐五代秘色瓷一种特殊的装饰工艺——釦金。

陶瓷学者们从文献中爬罗剔抉，钩沉稽索吴越国向中原皇室进贡的宝物史实时，发现了一个有趣的问题：同样是瓷器，这些贡瓷的品种名称却各有不同。

有通称“瓷器”的，有称之“金釦瓷”“金釦越器”的，有将“瓷器”和“金釦越器”并列称呼的，也有将“金银釦器”和“越器”并列称呼的，有直称“秘色瓷器”的，有称“金银陶器”的，也有称“银棱瓷器”的，而史载钱弘俶一次贡瓷器 14 万件（这是迄今所见文献所载进贡瓷器最多的一次）时，又称“金银饰陶器”。

其实，尽管这些叫法五花八门，让人眼花缭乱，但无论是“金釦”“金棱”，还是“银棱”“金银饰”，其实说的都是同一个事实：在唐五代越窑生产的秘色瓷中，的确有过一种在瓷器口沿和圈足装饰一圈金、银类贵金属的现象。

事实上，这种在器物上装饰金属的做法古已有之，这就是文献中所谓的“釦金”技艺。

《说文·金部》中有这样的记载：“釦，金饰器口。”注曰：“釦，音口，以金银缘器也。”这里的“金”并不限于黄金，而是泛指金、银、铜等金属（当然以金、银居多）。从考古发现来看，迄今发现最早的釦器是西安张家坡出土的西周时期的漆盨（古代盛食物之器），在漆上附有青铜釦。

早期的釦金技艺主要应用在漆器上。自春秋战国以降，以至于秦汉，漆器开始流行。那时瓷器诞生不久，相比较于陶器而言，轻巧而又华丽的漆器自然更胜一筹，故而深受上层贵族青睐。汉代文献《盐铁论》记载，一个漆杯用百人之力方可制成，可见其贵重。当时有一种说法，一个漆杯甚至抵得上十个青铜杯。

漆器一则是因其贵重，一则是用久则会产生裂纹，故而就出现了“釦器”这一特殊的漆器。它是用金属边或金属带镶嵌在器物口沿、器身或者器底，一方面可以固胎防裂，延长漆器的使用寿命，另一方面也增添了特殊的装饰效果。

故宫博物院即藏有一件西汉描彩银釦云气纹漆奁，在漆奁的盖四沿以及器底四沿都镶有银釦。今藏日本正仓院的一件唐代涂银漆木平脱盒，也采用了这种装饰手法。

东汉晚期，成熟青瓷在浙江烧造成功。瓷器质地光洁，又有优美的釉色和纹饰，使用更加方便，加之烧造成本与漆器相比要低得多，故而一举替代了漆器在日常生活中的地位。

随着漆器逐渐退出了大宗生活用品的历史舞台（作为艺术品的漆器仍然绵亘甚久直至今日），所谓的釦漆器渐渐消失，但“釦金”这种工艺并未消失，仍然为瓷器所承袭，甚至成为瓷器装饰的一种特殊手法。

在瓷器上“釦金”的案例，最早可以追溯到唐代。唐代工匠将前代制作漆器的“釦器”法和金银平脱法完美地运用到了瓷器上，成为陶瓷史上一次重大的创新。由此可见，唐代釦金属边瓷器的出现是受了镶釦漆器的影响。

1987 年法门寺地宫中出土的两件鎏金银棱（釦）平脱雀鸟图案花纹秘色瓷碗，口沿和底部都有镶银釦，并且采用了金银平脱技法，它们就是物帐碑中提到的“内二口银棱”碗。这也是迄今发现的时代最早、最精美的“釦金”瓷器。

至于为什么要在瓷器上釦金属边，通常的解释是，相对于过去制作成本较高的漆器而言，瓷器毕竟更价廉更易得，给它们釦金，使其显得更美观、更高档，更符合使用者的身份地位，达到以便宜的材质模仿昂贵的器物的效果。

当然也有一种可能，秘色瓷本身已经是非常优质的瓷器精品，对其加以釦金，是为了更加美观有档次，起到“锦上添花”之效。可以为之提供佐证的是，从文献记载和考古发现来看，唐五代时期越窑青瓷釦金器并不多见。

《宋会要辑稿》中记载了一份太平兴国三年（978）四月二日吴越国末王钱弘俶向大宋进贡的物品清单，从这份清单上看，钱弘俶进“瓷器五万事……金釦瓷器百五十事”，在多达五万件的进贡瓷器中，“金釦瓷器”却只有150件，由此可见其稀珍。

不过从陶瓷史角度考察，在宋代时还有一个窑口的瓷器也非常流行釦金，那就是北方的定窑白瓷。定窑白瓷的釦金，原因和上述的几种情况都不一样，它是出于现实功能的考虑。

定窑是继唐代的邢窑而起的一大瓷窑体系，主要产地在今河北省保定市曲阳县涧磁村、野北村及东燕川村、西燕川村一带。因该地区唐时属定州管辖，故名定窑。

定窑自唐代起即开始烧造宫廷用瓷，至宋代达到巅峰时期，以产白瓷著称，兼烧黑釉、酱釉和绿釉瓷，文献中分别称其为“黑定”“紫定”“绿定”，为宋代六大窑系之一。

宋代定窑开创了一种覆烧工艺，即器物在入窑烧造时，都是口沿向下的，这就导致了口沿没有釉，造成所谓“芒口”。为了使用方便，其中一些芒口器物就被釦上了金属边（当然也有彰显其珍贵的用意）。

令人没有想到的是，这类釦金的瓷器，每每在拍卖场上拍出天价。比如2014年香港苏富比拍卖会上，一件北宋定窑金釦划花八棱大碗，就拍出了1.4684亿港元，令人咋舌。

也不独是宋代定窑，从考古发现看，宋代几乎所有大窑口生产的瓷器都有这种釦金的情况。2015年，内蒙古锡林郭勒盟一座辽墓中出土一件辽代青釉银釦花口盏托，在盏口沿、托边、圈足部位都镶有银边。陕西蓝田吕大临墓曾出土一件北宋耀州窑天青釉执壶，在流口、壶盖和圈足部位也镶有银边。据报道，蓝田吕氏家族墓中还出土过一件北宋耀州窑青釉镶银釦盘。另外，2013 年纽约佳士得拍卖行曾拍卖过一件带银釦的宋建窑黑釉兔毫盏。

对瓷器釦金之风，在宋代大盛。宋代崇尚文治，审美格调品位较高，帝王贵族对生活器类极为讲究，因之釦金之艺颇为流行。有宋一代，曾专门在文思院设“棱作”，内廷后苑造作所亦设“棱作”，专司器皿镶口之事。

其时釦金工艺，要求外口沿略高于内釦的锃边，且釦边在剖立面上，中脊要略微凸起，形成圆弧状，两边则要渐趋薄，与现代搪瓷杯的口沿造型颇近，俗称之为“泥鳅背”；而以直口方棱凸起包边的，则称之为“韭菜边”。

从考古发现来看，宋代釦金瓷器主要出土于一些随葬品比较丰富的墓葬和窖藏中，这就充分说明，这些特殊瓷器的拥有者应该是社会地位比较高或家境殷实之人，一般蓬门荜户的老百姓是想都不敢想的。

铭文拾趣

近些年，考古人员对秘色瓷主产地慈溪上林湖窑址开展了连年不断的调查发掘，发现古窑址逾 200 处，采集了丰富的瓷片、窑具等实物标本。

通过调查发掘，考古人员在采集到的实物标本中有了一个有趣的发现：在不少瓷片、窑具上都留有刻划文字。

这些刻划文字，显而易见是当时的窑工留下的。他们为什么要在瓷片或窑具上刻划这些文字？是纯粹为了装饰，还是为了标识、记录某种重要的历史信息，其中有什么特别的寓意呢？

这些刻划文字主要保存在瓷片和窑具上。留有刻划文字的瓷片，在上林湖窑址出土近百件，时代主要为五代和北宋时期。主要是碗、盘、托、洗等器物的外底，用锐利的器具划下一些单字铭款。

主要铭文有“大”“上”“永”“天”“吉”“辛”“千”“供”“子”“内”“丁”“乙”“已”等字，其中“大”字出现次数最多，有23件，其次为“上”字，有14件。

与刻划文字的瓷片相比，留有刻划文字的窑具更多，历年来在上林湖共出土刻有窑工姓名的窑具71件，其中瓷质窑具43件。与瓷片上刻字仅寥寥一字不同，在窑具上刻划的字数明显增多（可能是窑具上刻字相对更容易一些），不少在二字或二字以上，如“马公”“马使”“马公受”“罗业师记”“徐庆记烧”“魏文魏李”“姚蒲奴”“李行号”“里方记”等。

而1987年在上林湖发现的一件晚唐时期的环形垫圈的器外壁上，更是刻了惊人的17字之多——“美头人鲍五郎者用烧官物不得滥将恶用”。

从刻划文字出土的地点来看，上林湖窑场居多，特别是黄鳝山、后司岙窑址更多；从质地来看，以窑具居多，尤其是瓷胎匣钵居多；从时代来看，以唐代居多。根据黄鳝山、后司岙窑址的规模、产品质量和装烧工艺等方面分析，应是唐代时期的贡窑。

在整个上林湖窑场中，刻划窑工姓名的窑具所占比例极少，但是黄鳝山窑址多次出现“马”“马公”“马使”“马公受”等刻划姓名，后司岙窑址重复出现“李行”“李行号”“吴成”等刻划文字，有助于我们对贡窑性质的进一步认识。

窑具上刻划的这些文字，透露了这样的历史信息：当时上林湖窑址的瓷业生产中，确实存在着某些技术力量较强又兼有一定文化素养的瓷窑业主。尤其是某“记烧”、某“师记”、某“行号”等文字，有点类似于后世的手工业主的作坊号，将其刻在窑具上，应该是最早的品牌意识和商标意识了。

在慈溪上林湖窑址的黄鳝山东汉窑址中，考古人员曾发现一件刻有“徐师有”窑工姓名的垫具，从其刻划笔道、书法水准以及该窑址出土器物来看，这应该是当时一位著名的工匠。

窑址中出土窑具上所刻的“徐庆记烧”“罗业师记”“鲍五郎者”“马公受”“姚蒲奴”“吴成”“魏文”“郑元”“俞程”“巧手王”等铭文，应该也都是如“徐师有”一样的优秀的烧瓷工匠。正是这些早已隐入历史尘烟的工匠，在窑烟炉火中创造了上林窑的辉煌历史，为秘色瓷的创造发明作出了重大贡献。

从出土越器铭文器物的数量来看，绝大部分器物出土于上林湖。1999 年下半年发掘古银锭湖寺龙口窑址时，在北宋地层中的 2 平方米范围内，就出土 20 余件有“大”“天”“永”“子”“已”“上”等铭文的碗、盘、盆。

由此可以看出，这类器物出现，不仅仅局限于某个窑址，而且在不同的窑址，出现同样的铭文，并分布于整个上林湖地区。这类铭文器造型优美，制作精细，釉色滋润，刻划线条流畅，花纹形象生动，栩栩如生，显而易见属于越瓷精品，有些就是秘色瓷。

令人惊喜的是，从考古发现看，在不少墓葬或遗址中也发现了与上林湖窑址出土刻划文字标本相同的越瓷精品。比如，辽统和十三年（995）韩佚墓出土越窑青瓷 9 件，其中一件瓜棱状圆腹执壶的外底即刻划“永”字款；元德李后陵出土 3 件越窑青瓷，其中套盒外底划“千”

字款；在台湾澎湖发现了 3153 件越器，其中 233 件带“丁”字款，1 件带“子”字款。

由此可见，上林湖地区生产的秘色瓷不但供奉朝廷，而且远销海外。

根据研究，这些刻划在窑具或瓷器上的文字，内容主要可以分为纪年、姓氏和标记。

先说纪年。上林湖出土的刻有“太平戊寅”“太平丁丑”纪年款的器物，以及瓷片标本上留存的“乙”“丁”“己”“辛”“子”等字，都极有可能是天干地支纪年款。

第二类则是姓氏。像“丁”“辛”就属于中国姓氏。不过“丁”“辛”也有可能是代表纪年。

第三类则是标记。像“大”“上”“永”“吉”“天”“千”“供”“内”字，既不代表姓氏，也不代表纪年，或许可以理解为某窑业主名字中的一字，或是他们选择一些字义比较好的字划在器物上，作为自己作坊烧制的标记。

2016 年对上林湖后司岙窑址的发掘中，也发现了不少刻有文字的瓷质匣钵，其中一件上面刻有“罗湖师秘色椀”六字，更为珍贵，令考古人员欢欣不已。

说它珍贵，其一，这是首次在窑址中发现“秘色”字样，直接证明了后司岙窑址就是当年烧造秘色瓷的贡窑所在地，堪称铁证如山，令人如何不喜？

其二，这件瓷质匣钵的刻划文字中，在“秘色椀”三字前还有“罗湖师”三字，这是什么意思？

在以往的发掘中，曾在上林湖窑址发现过刻划有“罗业师记”字样的瓷质匣钵，这个“罗湖师”和“罗业师”有什么关联吗？

如果展开合理的猜想的话，应该不外乎这样几种情况：一种情况，这可能就是两个工匠的名字，他们一个叫“罗湖师”，一个叫“罗业师”，说不定，这两人还是兄弟，毕竟名字都这么像嘛。

另一种情况，无论是“罗湖师”还是“罗业师”，这里的“师”应该是对他们的一种尊称，这三字可能是工匠的名与“职称”的结合。毕竟，能够称上“师”的，得有一定水平才行吧。

至于这件标本上刻划的6个字中的“椀”，则直接把这个匣钵中装烧的瓷器品种也说明了。“椀”就是碗，在唐代瓷器铭文中，也有把碗写成“埦”的，如长沙窑出土的一件唐代青釉茶碗，碗心就刻着“茶埦”二字。

捌

千年余韵——秘色瓷的影响

云帆万里波，翠色映沧海。

中国之所以被称为文明古国，在一定程度上是因为她不仅创造了文明，而且还向全人类奉献了文明。产生于中国大地的青瓷，一方面成为镶嵌在中华文明大厦上的明珠，另一方面则乘着中外文化交流的万里长风迈出国门，成为世界各民族共同享有的财富。

越窑青瓷作为中国最早大批量销往海外的大宗贸易陶瓷，与长沙窑瓷器、邢窑和白窑白瓷一起掀起了中国古代陶瓷外销史上的第一次高潮，成为人类开拓“海上陶瓷之路”的重要物证。其中，自然也少不了秘色瓷那高贵神秘的身影。

唐五代时期的越窑秘色瓷，虽然随着吴越国的灭亡也渐渐隐入了历史的尘烟，但它的影响却极其深远。

翠色映沧海

一直有这样的说法，在古代中国有三张“文化名片”，从时间的先后来说，分别是丝绸、瓷器和茶叶。换言之，中国文化为世界所知，很多时候是从这三样物事开始的。其中，瓷器的影响力似乎更大，英文 China 除了“中国”之意外，另一个意思就是“瓷器”。

从考古发现结合文献记载来看，早在公元 3—6 世纪的六朝时期，产自浙江的越窑青瓷就已由使节、僧侣、商贾等携带传播到朝鲜半岛、日本和东南亚地区。

20 世纪 60 年代，日本陶瓷学者三上次男在对亚洲和非洲滨海地区出土的中国古陶瓷进行广泛调查之后，写了一本记述调查经过和出土概况的书，书名为《陶瓷之路》。

这本书的书名很有意思，似乎是在与“丝绸之路”一说遥相呼应。众所周知，早在西汉时期，张骞有“凿空”之举，开辟了黄沙万里的丝绸之路，将中国的丝绸传到了西方。而三上次男笔下所说的这条“陶瓷之路”，显然是一条有别于“丝绸之路”的中外文化交流的通途。

虽然从时间上来说，“陶瓷之路”的历史比“丝绸之路”要晚得多，但它的分布范围却比“丝绸之路”不知要大多少倍！它的起点在东南沿海的扬州、杭州、明州（今浙江宁波）、温州、泉州、广州等古代贸易港口，而终点则在穿越茫茫大海之后的亚、非、欧各国。

与中国古代“古瓷尚青”的习俗相呼应，从世界各地出土的 16 世纪以前的中国瓷器品种来看，青瓷占有压倒多数的比重。这些青瓷大多来自浙江越窑。

如前所述，青瓷从海路输往域外的历史可以追溯到六朝时期，不过其作为商品大批外销则是从唐代开始，到宋元时则进入了鼎盛期。我们从宋人朱彧《萍洲可谈》的一段记载中即可对其时陶瓷外销的盛况略知一斑：“舶船深阔各数十丈，商人分占贮货，人得数尺许，下以贮物，夜卧其上。货多陶器，大小相套，无少隙地。”

考古发掘也提供了印证。1976 年，在朝鲜半岛以南新安海域的万顷碧波之下，人们发现了一艘中国元代的沉船，从船舱里打捞出来的瓷器多达一万七千余件，其中仅龙泉窑青瓷就有一万两千件。

2022 年，福建漳州市圣杯屿海域也发现一艘元代沉船，经中国水下考古人员打捞发掘，出水文物标本约一万七千余件，其中龙泉窑青瓷即达一万六千余件，器形包括碗、盘、碟、盏、洗、钵、香炉和高足杯等，年代为元代晚期，为典型的外销贸易瓷。古时中国青瓷从海路外销的盛况，也可由以上两个案例想见。从某种意义上讲，唐宋以后，中国实际上已成了世界性的青瓷生产基地。

从考古发现来看，在海外出土（或出水）的宋元时期瓷器以浙江南部龙泉窑烧造的青瓷为大宗，但在此之前，中国瓷器的外销以越窑青瓷为主，其他窑口都无法比拟。从日本的九州，朝鲜半岛，到东南亚的印尼，西亚中东地区的福斯塔特等遗址，东非的拉穆群岛，都有公元9—10世纪的越窑瓷器被发现，表明越窑在海上贸易从兴起到第一次高峰期间一直扮演着重要的角色，其地位在这一过程中日益提高，直到成为外销瓷器中的龙头老大。

近年来发现的井里汶沉船提供了关于这一历史的最好例证。

井里汶沉船发现于印度尼西亚爪哇岛北岸井里汶外海100海里处，54米深的水下。2003—2005年，印度尼西亚与西方的水下考古机构合作对这艘沉船进行发掘，出水49万余件遗物，其中最重要的是来自中国的文物，以瓷器为主（达30余万件），另有大量铅钱、铜币，数目不等的银锭，成批铜镜、铁锭、铁锚、漆器等。

此外还有来自马来半岛、苏门答腊、泰国、斯里兰卡、中东叙利亚或波斯乃至东非地区等几乎包括了印度洋周边地区贸易圈内的各式遗物，亦有内陆地区阿富汗或缅甸来的货物。船货来源覆盖面积之大，货物种类之丰富，在所有的沉船当中十分少见。

文献载五代吴越国末王钱弘俶时“航海所入，岁贡百万”，可见当时青瓷外销的空前盛况。井里汶沉船出土的20余万件越窑青瓷器，其中一件刻花莲瓣碗上刻有“戊辰徐记烧”纪年铭款，结合其他考古材料的佐证，该“戊辰”年应该是公元968年，正是钱弘俶当政的后期。

图 9-1 黑石号沉船出水的越窑青瓷多曲长杯

2003年，印度尼西亚海域沉船黑石号上也打捞出大量吴越国及契丹国文物。十多万件吴越国末期的越窑青瓷器，其中不少还含有北方元素。比如一件鹿形盖盒，形如一只鹿坐卧地上，弯首舔毛，一只鹿角还完好，这是盖的部分；盒身则是鹿的下半身，鹿腿交叉相叠，明晰可辨。这样的鹿形盖盒，具有明显的游牧民族特色，在越窑器里首见。

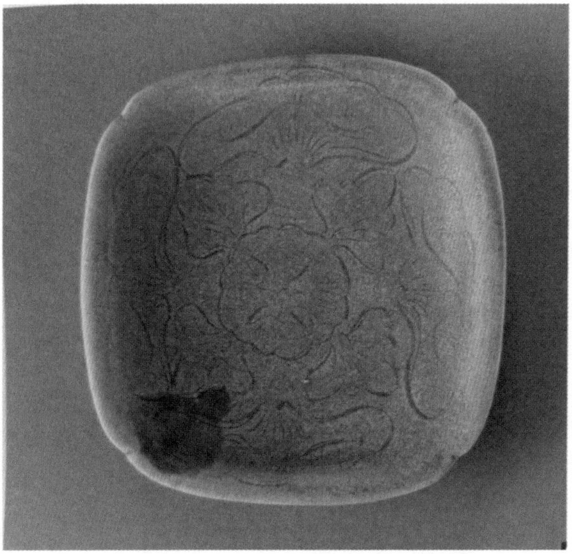

图 9-2 黑石号沉船出水的越窑青瓷划花委角方盘

在黑石号上还有大量辽地常见的、具有西亚风格的金器、瓷器。黑石号是阿拉伯商船，船上载满中国陶瓷，沉没于印度尼西亚海域，证明了吴越国商船通过海上丝绸之路，越印度洋，与印度和印度洋西边的中东诸国，特别是波斯、阿拉伯，有具规模的海运贸易。

那么，在这些通过海路外销的越窑青瓷器中，有没有秘色瓷的身影呢？答案是肯定的。1981年在北京石景山辽韩佚墓出土的吴越国青瓷划花人物纹水注，釉色莹润，造型典雅，显然可以归入秘色瓷的范畴。至于它是以朝贡的名义还是以商品贸易的方式来到这里，则是另一个话题了。

越窑青瓷作为中国最早大批量销往海外的大宗贸易陶瓷，与长沙窑瓷器、邢窑和白窑白瓷一起掀起了中国古代陶瓷外销史上的第一次高潮，成为人类开拓“海上陶瓷之路”的重要物证。

从这个意义上讲，位于浙东宁绍平原一带的越窑，不仅是人类瓷器诞生的摇篮、世界制瓷技术发明的源头，也是“海上陶瓷之路”贸易产品烧造的中心产地。它为人类文明历史进程、全球化贸易网络构建、东西方文化交流作出了杰出贡献，在人类文明发展史上树立了一座辉煌不朽的丰碑。

回眸一千年

唐五代时期的越窑秘色瓷，虽然随着吴越国的消亡也渐渐隐入了历史的尘烟，但它的影响却极其深远。

公元960年，赵匡胤黄袍加身，建立宋朝，史称北宋。有宋一代，崇尚文治，文化达到了历史从未有过的高度，反映在制瓷工艺上，宋瓷达到了一个新的美学境界。

宋代有六大窑系之说，分南北两派，釉色各有千秋。北方窑系的钧窑釉，被喻为海棠红、玫瑰紫，灿如晚霞，变化无穷如行云流水。汝窑釉则含蓄莹润，堆积如凝脂。磁州窑烧出的则是油滴、鹧鸪斑、玳瑁等神奇的结晶釉。定窑瓷图案工整，严谨清晰的印花让人叹为观止。耀州窑瓷犀利潇洒的刻花给人以流动的韵律美。南方窑系的景德镇窑，青白瓷色质如玉，碧如湖水，龙泉窑青瓷翠绿莹亮如梅子青青，哥窑的青瓷釉面开出断纹，如丝成网，美若天成，有着一种独特的缺陷美。

总体来看，宋朝瓷器以其古朴深沉、素雅简洁，同时又千姿百态、各竞风流的气象在世界工艺发展史上矗立起一座让世人景仰的丰碑。尤其是釉色之优美，典雅含蓄，有类玉的效果，完美体现了儒家文化倡导的简洁素雅之美。

在宋代诸多名窑之中，以釉色著称者首推汝窑。汝窑向被后世推为宋代“五大名窑”之首，它是北宋时专为宫廷烧造天青色釉青瓷的窑场。汝瓷所施淡天青色釉清淡含蓄，不温不火，满足了古代文人士大夫在色彩方面的审美追求。

说到“天青色”，很容易让人联想起中国台湾作词人方文山为周杰伦写的那首有名的《青花瓷》：“天青色等烟雨，而我在等你……”歌词固然优美，但用“天青色”来形容青花瓷却不恰切，它差不多是宋代汝窑瓷釉色的专用名词。

说起汝窑瓷的“天青色”，其实还要从五代后周皇帝柴荣说起。

据说五代后周皇帝柴荣在位时，主管烧造瓷器的大臣向他询问拟烧瓷器的颜色，柴荣挥笔批道：“雨过青天云破处，者般颜色做将来。”遗憾的是，后人均无眼福一睹这种瓷器的风采。明洪武年间成书的《格古要论》在述及“柴窑”时说：

（柴窑器）出北地，世传柴氏宗时烧者，故谓之柴窑。天青色，滋润细媚，有细纹，多足粗黄土，近世少见。

图 9-3　北宋汝窑青瓷盘（大英博物馆藏）

如果说，“雨过青天”的釉色在柴荣之时只是一个未圆的梦，那么，到了北宋晚期，这个前人的梦想终于成了现实，这就是灰胎厚釉的汝窑青瓷。

汝窑青瓷也烧造于北方，因主产地在汝州，故而得名。但其烧造的瓷器釉色就是淡淡的天青色。在南宋人的笔记中，有时将汝窑的釉色比作“天晴”或“天青”。

汝窑的窑址原来一直不明，甚至成了千古之谜。后来经过考古调查发掘，才确认是在今河南省宝丰县清凉寺一带。汝窑的烧造时间很短，只有宋徽宗一朝大约 20 多年的时间，靖康之变后就停烧了，故而汝窑瓷存世非常稀少。南宋时，就已有人感慨汝窑为宫中禁烧，“近尤艰得”。据说目前全世界有记录的汝窑瓷器不足百件，绝大多数收藏于北京故宫博物院和台北故宫博物院，部分收藏于上海博物馆和英国戴维中国艺术基金会。

今台北故宫博物院收藏有一件北宋汝窑无纹水仙盆，被誉为天下最美的一件汝窑瓷器。首先，其釉色极其悦目、温润，真如一种雨过天晴后的自然青色。其次，这件瓷器是汝窑瓷器中唯一一件无纹瓷器（汝窑的特征之一是有“蟹爪纹”开片），这件没有开片，圆满地印证了文献所载“有蟹爪纹者真，无纹者尤好”的评价。

这件汝瓷精品流传有绪，深受明清历代帝王的青睐。据说清乾隆皇帝对其尤为深爱，盆底下还留有乾隆的御制诗一首。旧传乾隆皇帝用这件瓷器喂猫，当猫食盆。

在文博界，向有“镇馆之宝”之类的说法，比如出土于河南安阳殷墟遗址的司母戊鼎（近年又流行作“后母戊鼎”）和出土于湖南宁乡的四羊方尊即被视为中国国家博物馆的两大“镇馆之宝”。说到台北故宫博物院，则通常把拥有出土铜器中最多字数铭文（近500字）的毛公鼎、“东坡肉石”以及清翠玉白菜三件宝器视为“镇馆之宝”。其实在我看来，台北故宫博物院所藏宝物多矣，比如元代黄公望的传世名作《富春山居图》的后半段《无用师卷》（前半段《剩山图》在今浙江省博物馆），以及这件北宋汝窑无纹水仙盆，都是当仁不让的“镇馆之宝”之一。

2014年7月，笔者去台湾旅行，有半天的行程是参观台北故宫博物院。馆内琳琅满目的宝贝，仅仅半天的时间，哪里看得过来？幸亏我之前做了攻略，知道毛公鼎、东坡肉石、翠玉白菜以及汝窑水仙盆这些藏品所在楼层，于是带着几个同好，一路急行，总算把这几件宝贝如数看到（只有“翠玉白菜”当时在日本东京国立博物馆外展，没有见到）。

北宋汝窑瓷之所以这般神奇，与其特殊的制作材料和烧造工艺有关。南宋周煇《清波杂志》记载：“汝窑，宫中禁烧，内有玛瑙末为油，

图 9-4　南宋官窑贯耳壶

图 9-5　南宋官窑琮式瓶

唯供御拣退，方许出卖，近尤艰得。”玛瑙的主要成分为二氧化硅，粉碎后可做瓷釉的原料，宋人杜绾的《云林石谱》有汝州出产玛瑙的记载，由此可知，汝窑在烧制宫廷用瓷时，是不惜工本、精益求精的。当然，使汝窑青瓷的釉“莹厚如堆脂”的，不仅仅是原料的精心选择和加工，更重要的是釉料的配方和烧成技术的革新。

北宋灭亡后，南迁的宋朝统治者并没有忘记“袭故京遗制置窑”来继续烧造这类碧玉般的瓷器，然因兵荒马乱，政务繁忙，故朝廷一时难以亲自掌窑烧瓷，当时所需的瓷器只能由州府一级的官窑烧制，这些官窑分别是余姚官窑、平江官窑、临安（今浙江杭州）官窑和龙泉官窑。

余姚官窑是文献所载的南宋时最早烧制宫廷用瓷的窑，窑址出土的厚釉青瓷碎片，胎均为灰色或灰黑色，釉色有淡青、淡绿、淡天青或粉青几种，釉层丰润不透明，其中有的品种在当时被称作“艾色”。

所谓“艾色”，是指与艾相近的一种颜色。艾，是广布于长江南北的多年生草本植物，清明时节人们常将它的嫩叶切碎糅入米粉做糕饼。艾叶的边缘有蛛丝状细毛，背面被白色丝状毛，春天初生的艾叶呈泛白的嫩绿色，用它来形容余姚官窑部分产品的釉色，非常形象而贴切。当注视着这类“艾色”的瓷片时，春天艾草散发的沁人心脾的清香仿佛扑鼻而来，令人顿觉舒爽。

平江官窑遗址尚未发现。而临安官窑的内涵则十分复杂，就目前掌握的资料看，它至少分括三个窑，即绍兴十三年至十九年（1143—1149）之间临安府设立的“内窑”，其后易地而设的仍由临安府监控的官窑以及开禧二年（1206）前不久朝廷亲自设立的官窑。

“内窑”与平江官窑一样，至今真相不明。杭州乌龟山郊坛下发

图 9-6 南宋官窑出土花形盏托

现的官窑遗址，产品有薄胎薄釉和薄胎厚釉两类。前者多用支钉支烧，风格与汝窑相似，但确切年代尚待深入研究；后者为朝廷设立的官窑所烧制，胎呈黑灰色，釉普遍上两三道，有的多达四道以上，釉中小气泡、石英颗粒、钙长石析晶和釉层界面对光线的散射、反射，使釉更具碧玉的质感。这表明，郊坛下官窑瓷器已登上了古代青瓷的顶峰。

这类薄胎厚釉瓷器还具有以前官窑瓷器所没有的特征：其一为“紫口铁足”，因胎色较深，器物口沿釉薄处微显紫色，器足刮釉处露出铁黑色的胎骨，故称之；其二为开片，釉面的裂纹本为瓷器烧成时常见的工艺缺陷，而郊坛下官窑的工匠创造性地将之作为美化瓷器的手段，从而使瓷器流溢出一种古朴而奇特的审美意趣。

江南秘色

浙江南部的龙泉，山峦绵亘，溪流环带，农业不发达，而林木繁茂，瓷土蕴藏丰富，龙泉溪向东注入温州湾，水上交通十分便利，因此成为北宋以后我国青瓷的主要产地。

“靖康之难”后，北方汝窑工匠被迫弃窑南迁，龙泉窑由于受汝窑制瓷工艺的影响，突然出现了一路与传统青瓷并行发展的厚釉产品。经化学分析，这类厚釉产品釉中的助熔物质除了氧化钙以外，还有较多的氧化钾和氧化钠，故这种釉的高温黏度大，可施得较厚，通常施两三遍，釉层大多乳浊不透明，宛如碧玉。

1994 年春天，笔者第一次踏上去龙泉访瓷的行程，到达龙泉大窑的那天，天刚刚下过小雨，山中云雾缭绕，山间瀑布飞泻，宛若仙境。因地皮被雨淋湿，不少半埋在地下的瓷片露了出来。随手捡起一片，是一件元代龙泉窑青瓷碗的碗底，从断开的剖面看，如碧玉般的釉层约莫有五分钱硬币那般厚，晶莹剔透，惹人喜爱。更难得的是，碗底心还印有一条鱼纹，完整无缺。真是捡到宝贝了，同行的人都羡慕不已。

关于龙泉窑瓷的厚釉，当地还有一个传说。相传宋代在龙泉有个名叫章村根的制瓷艺人，精于烧造瓷器，他的两个儿子在父亲去世后分家，各自开办窑场。老大章生一所开的窑场被称为“哥窑”，老二章生二所开的窑场被称作“弟窑”。

尽管老二烧造的青瓷胎白釉厚，色泽青亮，但其制瓷技艺却远不如老大高明，于是老二便妒忌在怀。为了毁坏老大的声誉，老二就趁老大不备时，偷偷地在老大配好的釉料中添加了许多草木灰。老大将这种釉施在坯件上，烧成后开窑一看，窑里瓷器的釉层全都出现了裂纹，有的像冰裂纹，有的像鱼子纹。心地善良的老大无可奈何地将这些瓷器拿到市场上去出售，不料被抢购一空。“哥窑”从此名重天下。

图 9-7　龙泉窑遗址

这虽然是明代以后人为编造的故事，不过在龙泉一带的南宋窑址中确实存在着两类截然不同的厚釉瓷器。一类为黑胎厚釉瓷，这类瓷器的釉面开有大小不等的片纹，釉呈粉青、米黄、青灰等色。这类黑胎瓷的烧造时间较短，器形有尊、炉、觚、瓶、灯、盘、盅、盂、盒、杯、碗等，在平民墓葬和居住遗址中极少发现。

关于龙泉窑早期制瓷业的情况，明以前的《龙泉县志》曾作过详细记录，可惜这些志书现已亡佚，而值得庆幸的是，明人陆容在编写《菽园杂记》时辑录了明以前《龙泉县志》有关龙泉窑制瓷业的记载。该书云：

> 青瓷初出于刘田，去县六十里。次则有金村窑，与刘田相去五里余。外则白雁、梧桐、安仁、安福、禄绕等处皆有之。然泥油精细，模范端巧，俱不若刘田。泥则取于窑之近地，其他处皆不及。油则取诸山中，蓄木叶，烧炼成灰，并白石末，澄取细者，合而为油。大率取泥贵细，合油贵精。匠作先以钧运成器，或模范成形，候泥干，则蘸油涂饰，用泥筒盛之，置诸窑内，端正排定，以柴筱日夜烧变，候火色红，焰无烟，即以泥封闭火门，火气绝而后启。凡绿豆色莹净无瑕者为上，生菜色者次之。然上等价高，皆转货他处，县官未尝见也。

“刘田”，又作“琉田”，在今龙泉大窑，这里的南宋官窑窑址遗存的青瓷残片，大多胎质细腻，施釉均匀，造型规整，与文献记载相吻合。其中，为数不多的黑胎瓷，釉层肥厚，制作精细，在品种、釉色等方面与南宋临安城外郊坛下官窑的黑胎厚釉瓷如出一辙，类似的产品在龙泉溪口的南宋窑址中也有发现。这类在工艺上精益求精，在生产上不惜工本的黑胎厚釉瓷制品，无疑有部分是供皇室使用的上等瓷器。

图 9-8 南宋龙泉窑青瓷香炉

南宋龙泉窑的另一类厚釉产品为白胎厚釉瓷，这类瓷器的产量较大，品种有碗、碟、壶、水丞、炉、觚、砚滴、瓶等，釉层多不开片，釉色以粉青和梅子青为代表。粉青釉光泽淡雅柔和，可与碧玉媲美。梅子青釉丰盈滋润，既像雨水淋过的青梅，又仿佛蓝天映照下的清澈湖水。南宋以后，这类白胎厚釉瓷继续大量生产。

元代龙泉窑白胎厚釉青瓷虽不及南宋时那样雍容华贵，精巧玲珑，但它以浑厚古朴的造型和丰富多彩的装饰而别开生面。元明时期，龙泉窑厚釉产品中粉青瓷的数量锐减，而大部分产品的釉色偏向青绿，其中有些精品之釉，细润娇艳，犹如春天初生的绿叶那般青翠欲滴。或许正是由于釉的审美魅力，龙泉窑白胎厚釉瓷不仅遍销全国各地，而且还被源源不断地输往海外。

图 9–9　南宋龙泉窑青瓷凤耳瓶

图 9-10　南宋龙泉窑青瓷葫芦瓶

就釉色而言，龙泉窑就像一个百宝箱，青瓷的各处瑰丽之色在它那里几乎应有尽有。在古人的笔下，这种种青色被形容为“粉青”“绿豆色”“生菜色”“梅子青”等。

其实，“粉青”是个比较大的概念，在所谓的“粉青”中，有不少是接近天青的色调。而这些不同色调的青瓷出现在域外民族的眼前时，更是仁者见仁、智者见智了。阿拉伯人称之为“海洋绿”，日本学者三上次男则把龙泉窑青瓷的釉色比作“秋季的天空和静静的蓝色的大海”。

在种种比喻中，最有意思和影响最为深远的莫过于“雪拉同”一句了。明代，龙泉窑青瓷的销售范围已超出亚洲和非洲，开始向欧洲延伸。在欧洲，龙泉窑青瓷颇受人们欢迎，当它在法国市场上出现时，人们为它那美丽的釉色所倾倒，以至一时找不到恰当的词语来形容如此怡人的釉色。

图 9–11　南宋龙泉窑青瓷盘龙瓶

这时，法国著名小说家杜尔夫写的长篇小说《牧羊女亚司泰来》被搬上舞台，剧情描写牧羊人雪拉同和牧羊女亚司泰来恋爱的故事。雪拉同出场时身穿一件非常漂亮的青色衣裳，人们认为只有舞台上雪拉同那件衣裳的颜色，才能与龙泉窑青瓷的釉色匹敌，于是，“雪拉同”便成了龙泉窑青瓷的代名词。后来“雪拉同”在欧洲成了对中国青瓷的统称。

说到秘色，大家首先会想到越窑，然后想到晚唐、五代、北宋这几个时代。然而，秘色与龙泉窑也大有关联。

首先是考古资料的印证。2018 年，杭州出土了一片南宋早期龙泉窑青瓷残碗标本，内底釉下戳印“江南秘色”四个楷体铭文。其胎釉品质和底部圈足特征，与同时期内底有“河滨遗范”“金玉满堂”“昆山片玉”“龙泉土宜”“叶宅新窑”等戳印铭款的器物一样，属于典型的南宋初期龙泉窑产品。

但细审其釉色，既不是南宋龙泉窑厚釉工艺基础上的粉青、梅子青，也不是唐宋时期典型秘色瓷之湖水绿、艾叶青，其色泽偏灰偏黄，且釉层有冰裂纹，玻璃质感明显，胎质也白中偏灰，也就是说跟我们想象中的秘色相去甚远。但它赫然标榜“江南秘色”，这又是什么缘故？

其次有文献依据。据考证，“江南秘色”的出典，主要有以下几则。一是叶寘《坦斋笔衡》中那条关于窑器的记载。叶寘的《坦斋笔衡》与顾文荐之《负暄杂录》记载基本相同，只是个别文字稍有差异。叶、顾两位均两宋时人，撰写笔记时，已是宋室南渡后的晚年了。历史上这两篇笔记均已散失，是经过元代浙江黄岩人陶宗仪《南村辍耕录》之著录才得以传承至今，成为我们今天了解当时瓷器生产尤其是秘色瓷相关情况的重要文献。

近年来，杭州老城区基建工地出土了许多宋代名窑瓷片标本，龙泉窑青瓷所占比例很大。这些残器标本，器形多样，除日常饮食器具外，还有不少类似《重修宣和博古图》中仿古器物，胎质洁白细腻，烧结程度高，通体雕饰精美的刻划花纹，外罩一层清亮悦目的青釉，莹彻的釉水比吴越国钱氏秘色瓷更能完美地呈现刻划花的装饰效果，堪与汝瓷媲美分庭抗礼。

这些龙泉窑青瓷标本大量在杭州出土，说明了什么问题呢？

南宋《中兴礼书》等文献记载，朝廷以近便俭朴为原则，下旨让绍兴、余姚、平江、临安等地方烧制进贡宫廷所需礼仪用陶瓷。龙泉窑不在上述名单之中。但作为北宋末年即承担宫廷用瓷任务的著名窑场，南宋初年又是未受金兵袭扰的战略大后方，其承担更多宫廷用瓷任务自在情理之中。南宋临安城范围内出土的诸多龙泉窑瓷器标本，也证明了这一推断。

自 20 世纪 90 年代中期以来，龙泉窑、越窑、定窑、湖田窑、吉州窑等名窑瓷片在杭州诸多基建工地成规模地出土，表明这些窑口的产品通过进贡御用和高端商品这两种方式进入首都临安城内。以“江南秘色”为代表的这种名号的龙泉窑青瓷，即是“进贡”御用瓷的专门窑场。

世界静候一片瓷

秘色瓷是唐代越窑始创的精品，到中晚唐时，秘色瓷已成为唐朝宫廷御用瓷器和皇家礼佛供养物。五代十国时期，中原板荡，诸侯割据，天下四分五裂。偏处东南一隅的吴越国善事中国，保境安民，又将秘色瓷作为尊奉中原的重要贡物。

不仅如此，吴越国又将秘色瓷作为交好邻邦、交聘契丹的重要礼品，以及交往日本与藩属朝鲜半岛三国、高丽的馈赠品。在其实施“尊奉中原，连横诸藩，对抗淮南”基本对外交往策略，谋求长存久安，友好邻邦，发展国际贸易等过程中扮演了重要角色。

考古发现为这些史实提供了鲜活的佐证。

近年来，包括秘色瓷在内的唐五代时期越窑青瓷在辽国故土有大量发现。1992 年，考古人员在内蒙古自治区赤峰市阿鲁科尔沁旗发现的辽开国皇帝耶律阿保机堂兄弟、东京太傅相、东丹国左大相耶律羽之墓，墓中出土双耳四系盖罐、葵口碗和敞口碗等五代越窑青瓷。通过研究比对，双耳四系盖罐与归葬于同年（942）的吴越王钱元瓘墓出土盖罐是同一种器形。由此可以断定，这批越窑青瓷当是吴越国专为上贡契丹而定烧的贡品。

图 9-12　法隆寺传世越窑四系罐
（日本东京国立博物馆藏）

五代十国时期，吴越国以华夏政权代表的身份，参与东亚诸小国间交流，和朝鲜半岛上的诸政府、日本等地多有交往记录。史书记载，五代时期不仅高丽、百济，还有新罗、渤海，东北亚四国同时向吴越称臣，受吴越册封。考古发现也提供了佐证，在朝鲜高丽王室或与王室有关阶层的墓葬中，经常随葬有越窑秘色瓷器。有人推测，当时的越窑青瓷有可能是高丽国的宫廷御用瓷。

图 9-13　日本鸿胪馆遗址出土越窑青瓷莲瓣碗

吴越国与日本的交流也多见于史籍。据《日本纪略》，朱雀承平六年（936）七月“吴越王钱元瓘使节蒋承勋抵日并致书。日本左大臣藤原忠平有书赠吴越王”。天德元年（957）七月二十四日“吴越国王钱弘俶遣使持礼使盛德言抵日，献上书信”。可以看出在大唐崩裂后，由吴越国为代表，在东南亚各政权中持续维护着和平交往。

随着越窑青瓷的大量输入日本，唐、五代越窑秘色瓷多为皇家、皇族功臣、达官显贵所享受的消费观念亦被传到了日本。日本古代史料有三处提到秘色瓷：

一是天历四年（950）写成的仁和寺资财账《仁和寺御室御物实录》中记载，宇多天皇御爱藏精品中有青茶瓷提壶、青茶碗、青茶瓷水瓶、青茶钵等器物，并在饮食中亦“青瓷多盛天子御食”，越窑青瓷还成为“大臣朝夕之器”。

二是醍醐天皇四皇子重明亲王的日记《吏部王记》中有“天历五年（951）六月九日，御膳沉香折敷四狼，瓶用秘色云云”的记载。

图 9-14　韩国原州出土越窑青瓷羊

图 9-15　韩国扶清州出土东晋越窑鸡首壶

三是天历前后（约952—970）的《宇津保物语》提到滋野真菅用餐时，自己用“秘色杯”，而他的儿女则用金属碗等。可见，越窑秘色瓷在日本实属珍贵，一般只有宫殿、衙门和有名的贵族人家才有，当时日本还没有普遍使用瓷器，很可能一部分越窑青瓷是吴越国与日本友好往来的馈赠品。

中世纪，越窑秘色瓷为皇室专享的举动，似乎成了各国皇室的世界性话题。在西亚的波斯帝国，11世纪波斯著名的历史学家贝伊哈齐在《贝伊哈齐史》中记述：哈里发哈仑·拉施德在位期间，呼罗珊总督阿里·本·爱薛曾向哈里发贡献了数量空前的金银、丝绸、珍宝和瓷器，其中就有哈里发宫廷从未见过的20件（一说200件）“中国天子御用的瓷器，如碗、杯、盏”。

此外，越窑青瓷在东南亚的发现，一方面说明了这一地区重要的航海路径等地理位置优势，另一方面也从一个侧面反映出这些国家地区与中国的友好交往。9—10世纪，室利佛逝、诃陵、浡泥和菲律宾群岛上的麻逸（一作摩逸）、三屿、蒲端等东南亚国家积极与中国唐、宋王朝友好交往，频繁入使朝贡，其主要是为了国家贸易的顺利进行，尤其是为了谋求从中国获得更多的商业利益，并在某种程度上避开中国市舶官员的勒索，或为了谋求其“国民”在中国获得经商保护。频繁的使团往来，为越窑青瓷行销到这些国家创造了良好的环境和条件。

近年来兴起的水下考古，也为这一段史实提供了非常重要的实物例证。2010年，福建沿海水下考古调查队在福州平潭海域调查，发掘出了一处沉船遗址，未发现船体遗存，但集中采集了一批越窑瓷器，包括花口碗、碟、盏托、执壶等，经过与出土纪年遗物的比对研究，其年代被确定为五代，这也是中国近海发现时代最早的沉船遗址。

总之，越窑给人类留下了永恒不朽的文明，越窑瓷器是东西方经济与文化交流的友好“使者”和历史见证。它架构起了中世纪东西方一条重要而又繁盛的“海上陶瓷之路”，就是这条“海上陶瓷之路”，将中国古代浙东人民所创造的越窑青瓷物质文明带到了世界各地。

在考古学者持续不断的努力之下，以秘色瓷为代表的越窑青瓷的许多谜团被揭开了。但是，从世界遗产的角度看，秘色瓷、越窑青瓷乃至于中国瓷器还有一个重要的使命。

在世界遗产项目已经突破一千的时候，全球竟然还没有一处古代瓷业遗址进入世界遗产之列。这是全世界的遗憾，更是中国人的遗憾，因为中国是世界瓷器的发祥地，是引领世界古代瓷业的圣地，更因为中国的英文名字就是China，瓷器是中华文化的重要象征。

世界遗产的舞台上，期待来自中国的“一片瓷”。从越窑青瓷开始，中国瓷器就不仅属于中国人，也属于全世界。青瓷先是外销到朝鲜半岛，进而传播到日本和东南亚，然后沿着海上丝绸之路驶向更远的地方，印度洋及红海沿岸多有发现，甚至在埃及尼罗河下游，福斯塔特（开罗南）遗址也发现了大量精美的唐末至五代越窑青瓷制品，其中包括刻划花纹的碗类器皿（见图 9-16）。

随着青瓷为先锋的中国瓷器的外销，源于中国的文化和生活方式也传播开来，深刻地影响和塑造了古代世界的文化面貌。这种通过商品的方式传播文化的古老现象，甚至一直延续到今天，中国“一带一路”倡议就是商贸与文化齐飞的当代尝试。

世界遗产殿堂中，不能没有中国的“一片瓷”，未来必将有中国的古代瓷业遗址成为世界遗产一员，进而带动一批瓷业遗址以世界遗产的概念来诠释自我，展现自我。

这“一片瓷”或许是慈溪上林湖，或许是景德镇，或许是德化窑、龙泉窑……让我们静候它们的出现。

图 9-16　埃及福斯塔特遗址出土的越窑瓷器

参考文献

1.《浙江七千年——浙江省博物馆藏品集》编委会编：《浙江七千年——浙江省博物馆藏品集》，浙江人民美术出版社，1994 年版。

2. 李刚主编：《青瓷风韵——永恒的千峰翠色》，浙江人民美术出版社，1999 年版。

3. 浙江省文物考古研究所编：《浙江考古精华》，文物出版社，1999 年版。

4. 郑建华、谢西营、张馨月：《浙江古代青瓷》（上、下），浙江人民出版社，2022 年版。

5. 郑建明、林毅：《发现秘色瓷》，上海古籍出版社，2023 年版。

6. 中国陶瓷编辑委员会：《中国陶瓷——越窑》，上海人民美术出版社，1983 年版。

7. 慈溪市博物馆编：《上林湖越窑》，科学出版社，2002 年版。

8. 汪庆正主编：《越窑、秘色瓷》，上海古籍出版社，1996 年版。

9. 越窑博物馆编：《南青北白——越窑与邢窑瓷特展》，上海人民美术出版社，2013 年版。

10. 浙江省文物考古研究所、慈溪市文物管理委员会办公室编著：《秘色越器：上林湖后司岙窑址出土唐五代秘色瓷器》，文物出版社，2017 年版。

11. 慈溪市文物管理委员会、慈溪市地方志编纂委员会编著：《慈溪秘色瓷》，上海人民美术出版社，2021 年版。

12. 陕西省考古研究所、法门寺博物馆、宝鸡市文物局等编著：《法门寺考古发掘报告》（上、下），文物出版社，2007 年版。

13. 明堂山考古队：《临安县唐水邱氏墓发掘报告》，浙江省文物考古所编著：《浙江省文物考古所学刊（1981）》，文物出版社，1981 年版。

14. 浙江省文物考古研究所、浙江省博物馆、杭州市文物考古研究所等编著：《晚唐钱宽夫妇墓》，文物出版社，2012 年版。

15. 杭州市文物考古研究所、临安市文物馆编著：《五代吴越国康陵》，文物出版社，2014 年版。

16. 秦伟：《长河落日——早期青瓷随笔》，湖北美术出版社，2004 年版。

17. 章金焕：《瓷之源——上虞越窑》，浙江大学出版社，2007 年版。

18. 李军编著：《千峰翠色——中国越窑青瓷》，宁波出版社，2011 年版。

19. 中国硅酸盐学会编：《中国陶瓷史》，文物出版社，2004 年版。

20. 浙江省博物馆编：《浙江纪年瓷》，文物出版社，2000 年版。

21. 李刚：《古瓷谈荟》，浙江人民美术出版社，2008 年版。

22. 李刚：《古瓷笔诠》，中国书店，2017 年版。

23. 朱伯谦主编：《龙泉窑青瓷》，（台北）艺术家出版社，1998 年版。

24. 朱伯谦：《龙泉青瓷简史》，浙江省轻工业厅编：《龙泉青瓷研究》，文物出版社，1989 年版。

25. 蔡乃武、江屿主编：《昆山片玉：中国古代陶瓷陈列》，浙江摄影出版社，2015 年版。

26. 邓禾颖、唐俊杰：《南宋官窑》，杭州出版社，2008 年版。

27. 杭州市临安区政协文史和教文卫体委、杭州市临安区钱镠研究会编：《吴越国史迹遗存发现与研究学术研讨会论文集》，现代出版社，2019 年版。

28. 王长金、彭庭松主编：《吴越旧邦遗泽在——吴越国文化论坛暨第二届学术研讨会论文集》，浙江工商大学出版社，2020 年版。

29. 黎毓馨主编：《吴越胜览——唐宋之间的东南乐园》，中国书店，2011 年版。

30. 浙江省博物馆编：《越颂——中华文物中的浙江传奇》，上海书画出版社，2023 年版。

31. 屠树勋编著：《五代·吴越国史》，中国文史出版社，2018 年版。

32. 朱晓东主编：《临安印记：临安市不可移动文物调查实录》（上、下），西泠印社出版社，2012 年版。

33. 陶初阳编 ：《读懂吴越国》，浙江工商大学出版社，2022 年版。

34. 韩金科：《法门寺地宫》，浙江文艺出版社，2023 年版。

35. 石兴邦选编，韩伟图版解说：《法门寺地宫珍宝》，陕西人民美术出版社，1989 年版。

36. 尹西农：《法门寺地宫秘闻》，中国青年出版社，1992 年版。

37. 齐东方：《花舞大唐春——解读何家村遗宝》，上海古籍出版社，2018 年版。

38. 浙江省文物局编：《良渚古玉》，浙江人民美术出版社，1996 年版。

39. 浙江省文物局编：《意匠生辉——浙江历史遗产的文化品读》，浙江人民美术出版社，2003 年版。

40.《世界遗产》杂志 2017 年第 5 期“唐宋气韵　秘色重光”专刊。

后　记

我在大学学的专业是考古，毕业论文的选题是“唐五代越窑青瓷的造型和装饰艺术”。指导老师苏垂昌教授给我的论文打了“良上”。我后来得知，我们那一届的毕业论文没有“优”，这意味着我的毕业论文算写得比较好的了。

之所以重提这件往事，是我觉得我跟越窑青瓷似乎挺有缘分的。虽然在之后的职业生涯中，我并没有专业从事越窑青瓷的研究，而是兴趣非常驳杂，举凡博物馆收藏的各类古物都有涉猎，成了不折不扣的“杂家”。

不过，虽然我没有专门从事越窑青瓷研究，但我对越窑青瓷的兴趣却始终未尝中辍。1994 年春，我参与了《浙江七千年——浙江省博物馆藏品集》一书的编撰工作，跟着博物馆和出版社的领导专程去慈溪上林湖窑址调研。那是我第一次去上林湖窑址，漫步湖边，目之所及满是瓷片窑具堆积，深受震撼。后来得知，这里就是唐时就被列为青瓷名窑之首，有“千峰翠色”之誉的越瓷的中心产地。

1999 年，我又参与了《青瓷风韵》一书的编撰工作，这是“中国博物馆漫步”丛书中的一本。这一次，和编辑一起跑的地方就更多了，不但又去了上林湖窑址，还重点考察了位于曹娥江中游的上虞市（今绍兴市上虞区）。考古人员曾在这里的小仙坛遗址发现了迄今最早的成熟青瓷遗迹，足证浙江是青瓷的诞生地，“青瓷之乡”的美誉由来不虚。

有过这两本书的编撰经历之后，可以说我对浙江青瓷的发展脉络和历史印记还是比较清晰的，也正因如此，我对瓷窑址考古的兴趣也比之前更加浓厚了。

记得有一年，离上林湖窑址不远的慈溪古银锭湖又有越窑考古新发现，担任发掘领队的浙江省文物考古研究所沈岳明兄（现为复旦大学历史文博学院教授）邀请我们省博物馆的几位同好前去观摩，我们就兴冲冲地去了。

那是个初秋微雨的天气，那地方颇有点偏僻不好找，我们边走边问，等好不容易找到村里时，天色都暗下来了。我们只能匆匆到窑址现场看了一下，就来到考古队租住的老乡家里，在二楼的地板上观摩那些刚挖出来的瓷片标本。

我原本对田野考古是有浓厚兴趣的，毕业之后与田野考古失之交臂，去了镇日与古物打交道的博物馆，其实一直有点耿耿于怀。不过那次看到考古队住的地方那般简陋，颇为艰苦，心里也释然了不少。我心想，如果野外考古真的这般辛苦，那这劳什子的考古不干了也罢。

不过那天的晚饭却颇为丰盛。考古队租的房子是村长家的，村长很是热情，让老婆杀鸡剖鱼，整了满满一桌子菜，我们去的好几个人都喝晕了。

说了这么多跟越瓷有关的往事，其实都是铺垫。我想说的是，我之所以会接下《掠翠融青瑞色新——吴越国的秘色瓷》这本考古通识读物的写作任务，并非一时心血来潮，而是渊源有自的。

我在省博物馆工作那些年，早就接触过五代吴越国秘色瓷的材料。

那时省里但凡要搞一个大一点的文物精品展览，临安水丘氏墓出土的那三件秘色瓷精品肯定是会入选的，有一年我就跟着领导去当时的临安县文管会办理过商借手续。之前我参与编撰的《浙江七千年——浙江省博物馆藏品集》《青瓷风韵》两本书中，也少不了这几件秘色瓷国宝的身影。从某种意义上说，这几件秘色瓷精品几乎成了五代吴越国文化的标志物。

但我自己也没想到，在省城杭州的博物馆系统从职20余年之后，有一天我会来位于钱王故里临安的浙江农林大学茶文化学院任教，这难道是冥冥中安排好了，让我的职业生涯终究会和五代吴越国文化研究产生某种有趣的关联罢？

不过在真正接手这项工作之后，我才觉得有些不易。五代吴越国秘色瓷虽然名满天下，但之前有关秘色瓷的通俗读物却几乎可以说是完全阙如，顶多是一些秘色瓷图录，或是寥寥几次秘色瓷主题的学术研讨论文集。而这次的写作又明确要求必须是通俗性的考古读物，这在资料的搜集上就对我形成了巨大的挑战。

但好就好在，浙江省考古界对越窑青瓷的研究有着悠久的传统，积累的学术成果非常多。尤其是我的大学师兄、现任浙江省文物局副局长郑建华领衔撰著的厚厚两册《浙江古代青瓷》，皇皇60万言，虽然其中涉及五代吴越国瓷业的篇什不算多，但在学术性把握上给了我巨大的帮助。作为领队发现后司岙秘色瓷窑址的郑建明兄，最新撰著出版的一本《发现秘色瓷》也给了我很大惊喜，书中有大量关于秘色瓷研究的最新资料和观点。研读这些著作，让人茅塞顿开，获益良多。

所以，这次写这本名为《捩翠融青瑞色新——吴越国的秘色瓷》的新书，尽管从体裁上看是一次担斧入山似的文字生涯新历练，但其实也是站在前人已经呕心沥血做过大量工作的基础上进行的一次跨界体验。书中借鉴了不少前辈或同辈学者的学术成果，因限于体例，无法一一注解，但不敢掠美，最终在书末以参阅文献的方式标注。

秘色瓷是迷人的。中国自来有“古瓷尚青”的悠久传统，在林林总总的青瓷当中，越窑青瓷又是公认最有魅力的。古诗以“夺得千峰翠色来”赞誉它，那碧如湖水的釉色，总容易让人联想到充满生命力的春天。

世人对青瓷的喜爱，除了它能给人们带来视觉上的愉悦外，更重要的是它融合了大自然的万般青色。这种在窑炉高温中形成的与大自然浑然一体的青色，在火中烧不掉，在水里溶不去，在火热的夏天不会变易，在凄凉的秋季不会枯黄，在冱寒的冬日不会褪色，拥有了它，也就拥有了永恒的春天。

在写作这本新书的过程中，我也是经历了这样的心路历程。从“何为秘色”——关于秘色瓷含义的纷争说起，到“地宫揭秘”发现秘色瓷的真容，从而解开秘色瓷的千古之谜，再到“秘瓷之源”“踵事增华”溯源吴越国烧制秘色瓷的历史，再之后又从“千峰翠色”“美轮美奂”“装饰之奇”三方面揭示吴越国秘色瓷的独特魅力，最终以“千年余韵”——秘色瓷对后世的影响结束全书。这样的写作过程，不正是一个“留住春天”的美好经历吗？

在书稿终于改定、即将付梓之时，照例要说几句感谢的话。感谢杭州市临安区委宣传部、区社科联领导的信任，邀请我撰著本书，并在我写作过程中给予全程指导和大力支持；感谢多位审稿专家，从不同角度提出诸多真知灼见，并帮助修订了不少或因行文过急，或因学力不逮而导致的舛误。茅盾文学奖获得者、国家一级作家王旭烽教授作为这次“吴越文化通识读物”的总编纂，不但在写作伊始就从专业角度给了我诸多精到而富有启发性的建议，而且对这本书的成稿一锤定音，给予了相当高的评价，让我深受鼓舞。

回想去年九月本书刚刚起笔，还是暑热乍消、秋高气爽之时，如今书稿付梓在即，已是春江水暖、万物萌苏的龙年新春。这本新书将是我出版的第33本专著，我累计发表的文字总数也即将向900万字目标发起冲击，期待它早日面世。

周新华

甲辰春日于浙江农林大学之两不厌室